LA

RÉPUBLIQUE TEMPÉRÉE

PAR

M. G. DE MOLINARI

Rédacteur du *Journal des Débats*, etc., etc.

PARIS

GARNIER FRÈRES, LIBRAIRES-ÉDITEURS

6, RUE DES SAINTS PÈRES, ET PALAIS-ROYAL, 215

1873

LA

RÉPUBLIQUE TEMPÉRÉE

DU MÊME AUTEUR

LES CLUBS ROUGES PENDANT LE SIÉGE DE PARIS. 1 vol. gr. in-18, chez Garnier frères. . . . . 3 fr. 50

LE MOUVEMENT SOCIALISTE ET LES RÉUNIONS PUBLIQUES, avant la révolution du 4 septembre 1870, suivi de LA PACIFICATION DES RAPPORTS DU CAPITAL ET DU TRAVAIL. 1 vol. gr. in-18. . . . . 3 fr. 59

PARIS. — IMP. SIMON RAÇON ET COMP, RUE D'ERFURTH, 1.

LA

RÉPUBLIQUE TEMPÉRÉE

PAR

M. G. DE MOLINARI

Rédacteur du *Journal des Débats*, etc., etc.

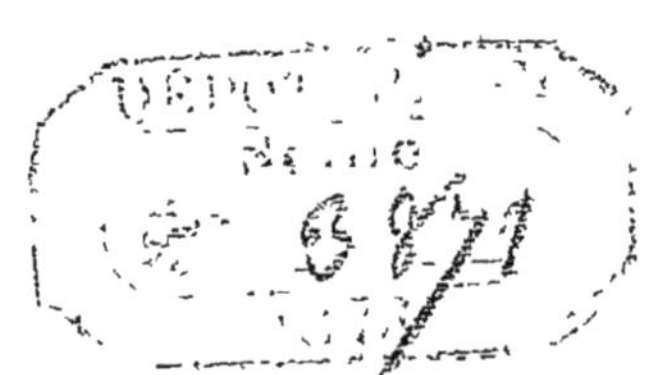

PARIS

GARNIER FRÈRES, LIBRAIRES-ÉDITEURS

6, RUE DES SAINTS-PÈRES, ET PALAIS-ROYAL, 215

1873

PRÉFACE

Les élections du 27 avril ont eu pour résultat de créer une véritable panique : dans un premier moment d'effarement, la Bourse a baissé de 3 francs, les transactions commerciales se sont ralenties, les commandes faites à l'industrie ont été contremandées ; bref, le capital a eu peur. Que cette frayeur des intérêts ait été exploitée et exagérée, nous en tombons d'accord, mais elle n'a pas été entièrement factice, et, osons le dire, elle avait sa raison d'être sous un régime politique dont le suffrage universel et *égalitaire* est la base unique.

En effet, « la souveraineté du nombre, » librement exercée, sans pression gouvernementale, sans candidatures officielles, comme elle l'est aujourd'hui et comme elle doit l'être toujours, sous peine d'être faussée et corrompue, ne protége point suffisamment la propriété. Dans un pays où la souveraineté appartient exclusivement au nombre, les classes propriétaires, entre les mains desquelles se trouve concentrée la plus grande partie du capital de la nation, courent le risque d'être livrées à la merci des classes non propriétaires, numériquement plus fortes. On conçoit fort bien que cette perspective les épouvante, surtout en présence de l'infiltration progressive des doctrines socialistes dans les couches inférieures de la population.

Aujourd'hui, les classes propriétaires conservent encore la majorité dans la représentation nationale ; elles n'ont donc rien à craindre pour le moment, mais leur sécurité est précaire comme la majorité sur laquelle elle se fonde. Du jour au lendemain, le gouvernement peut tomber aussi légalement que possible, en vertu du jeu naturel des institutions actuelles, entre les mains d'une majorité radicale. Voilà ce qu'elles craignent et ce qu'elles n'ont pas tout à fait tort de craindre. Ce n'est pas, on l'a dit avec raison, la république qui leur fait peur, c'est « la Commune légale. »

Eh bien, ce risque que la souveraineté du nombre fait courir aux classes propriétaires, elles ne peuvent le supporter, et elles ne le supporteront pas. En disant que « la République sera conservatrice ou ne sera pas, » M. le président de la République n'a pas simplement exprimé une opinion, il a constaté un fait. Pour le capital, la sécurité est une question de vie ou de mort, et le capital est assez fort pour renverser tout gouvernement qui ne lui garantirait pas la protection à laquelle il a droit.

Il s'agit donc de constituer la République de telle façon qu'elle garantisse à la propriété une sécurité au moins égale à celle que pourrait lui procurer la monarchie ou l'empire. Si ce problème n'est pas résolu, la République fera place tôt ou tard, après un provisoire plus ou moins long de malaise et de souffrances, à la monarchie ou à l'empire. Nous ne le croyons pas insoluble, et nous avons cherché, dans l'étude qu'on va lire, comment on peut le résoudre. Une partie de cette étude a déjà paru dans la *Revue des Deux Mondes* (n° du 15 janvier 1873). Nous avons essayé de la compléter, tout en la rendant plus claire, sans nous dissimuler combien elle laisse encore à désirer, sans nous dissimuler non plus qu'elle n'a de chances d'être goûtée ni par la gauche, ni par la droite. La gauche veut une république démocratique qui pourrait bien être un acheminement vers la Commune, la droite se contenterait peut-être d'une république oligarchique en attendant la monarchie. Ni l'une ni l'autre ne seraient en conséquence disposées à se rallier à une « république tempérée, » ou, si l'on veut, à une république juste-milieu, qui s'éloignerait également de leurs visées. C'est pourquoi il y a apparence qu'elles continueront à donner au monde le spectacle de leurs luttes, jusqu'à ce qu'intervienne pour y mettre fin ce *Deus ex machina* qui a la spécialité des dénoûments politiques et qui s'appelle en français *la dictature.*

LA
RÉPUBLIQUE TEMPÉRÉE

I

A quoi sert un gouvernement? — Des biens nécessaires qu'il est tenu de garantir. — La sécurité et la liberté. — Les services publics.

Que sont de nos jours les nations civilisées? De vastes associations politiques et économiques, qui se trouvent parfois à l'état d'hostilité et toujours en concurrence. Quand l'état d'hostilité devient aigu, quand la guerre éclate, — et elle n'éclate, hélas! que trop souvent, — la victoire se fixe presque toujours du côté de la nation dont les forces et les ressources de toute sorte ont été aménagées avec le plus de sagesse et développées avec le plus d'intelligence et d'activité pendant la paix. Or il y a deux conditions qui ont été de tout temps presque également nécessaires au bon aménagement des forces et des ressources des nations, et dont le caractère de nécessité est devenu de plus en plus marqué sous l'influence des changements que le courant naturel de la civilisation amène : ce sont la sécurité et la liberté. Le besoin de sécurité s'est étendu à la fois *dans l'espace* et *dans le temps*, parce que les intérêts qui demandent à être protégés se sont développés graduellement sur une aire plus vaste, tout en croissant en durée. Tandis que dans les anciennes sociétés l'agriculture et l'industrie elle-même n'exigeaient qu'une faible application de capital, tandis qu'une seule récolte suffisait le plus souvent à rembourser le laboureur de ses avances, de nos jours, grâce aux progrès qui ont renouvelé et augmenté successivement le matériel de la production, le capital a pris un rôle de plus en plus considérable dans toutes les branches de l'activité humaine. Le seul capital placé dans les chemins de fer de la France dépasse actuellement le chiffre de 25 milliards, et, si nous voulions évaluer l'ensemble des capitaux qui alimentent la production française, c'est par centaines de milliards que nous devrions compter; ces capitaux, engagés généralement pour un temps indéfini, ont besoin aussi d'une sécurité indéfinie, et ce besoin s'accroît encore par le fait qu'ils sont fournis en grande partie par le crédit, et qu'ils se renouvellent incessamment au moyen de l'échange. Dans les anciennes sociétés, chaque famille, avec ses serviteurs, esclaves ou serfs, produisait à peu près toutes les choses dont elle avait besoin sur ses propres terres et avec ses propres capitaux, en n'échangeant que la plus faible portion de ses produits contre des articles provenant d'autres sols et d'autres climats ; aujourd'hui on ne possède plus guère que par exception la totalité de ses moyens de production, et d'un autre côté, dans le plus grand nombre des industries, on ne consomme rien ou presque rien de ce que l'on produit. Divisée en une multitude de branches qui vont chaque jour se subdivisant encore, la production exige, comme règle, le concours du crédit et de l'échange. Si dans l'industrie agricole il y a des paysans propriétaires qui exploitent eux-mêmes leur lopin de terre et qui consomment eux-mêmes aussi une partie des produits qu'ils en tirent, la plupart des grandes et des moyennes propriétés sont affermées, le capital d'exploitation appartient au fermier ou est emprunté par lui, le travail est loué, et les produits sont en presque totalité vendus. Dans les entreprises industrielles, le capital fixe est réuni le plus souvent par voie d'association soit qu'il s'agisse de simples *partnerships* ou de vastes sociétés anonymes, le capital roulant est en plus grande partie encore fourni par le crédit, et c'est par le moyen de l'échange que toutes ces entreprises réalisent les résultats de leur production. Le cultivateur échange son blé, son vin ou son bétail, le manufacturier ses fils et ses tissus par l'intermédiaire du commerce, qui se charge de mettre toute sorte de produits à la disposition du consommateur, en tout temps, en toutes quantités et en tous lieux soit à l'intérieur du pays, soit au dehors et jusqu'aux extrémités du globe.

Nous n'avons pas à faire ressortir ici les avantages de cette organisation nouvelle de la production ; on sait à quel point elle a contribué à multiplier la richesse; mais cet organisme économique, si puissant et si complexe, est en même temps d'une sensibilité extrême, comme toute machine perfectionnée. Il suffit de la rupture d'un rail pour faire dévier une locomotive et broyer un convoi, tandis qu'une lourde et grossière charrette peut cheminer sans encombre dans les ornières d'une route négligée. Il suffit non pas même d'une perturbation, mais de la seule crainte d'une perturbation dans le milieu où fonctionne le mécanisme délicat du crédit et des échanges pour frapper de paralysie cet appareil vital qui fournit à chacun ses moyens d'existence. Qu'une guerre menace, ou, pis encore, une révolution intérieure, et voici que les capitaux cessent à l'instant de se prêter ou ne se prêtent plus qu'avec la surcharge d'une prime destinée à couvrir ce risque ou cette appréhension d'un risque, voici que les entreprises existantes, — et elles se comptent par centaines de mille, — sont obligées d'arrêter ou de restreindre leur production, voici que les entreprises en projet ou en voie de formation sont ajournées jusqu'après la crise. Il en résulte que tous ceux qui contribuent à créer, à entretenir et à mettre en œuvre l'immense et multiple appareil de la production et de l'échange, propriétaires, capitalistes, industriels, négociants, ouvriers, se trouvant atteints ou menacés dans leurs moyens d'existence, restreignent leur consommation, et que tous les débouchés se resserrent soit directement, soit par répercussion, à commencer par ceux des industries ou des arts qui fournissent les articles de luxe ou de nécessité secondaire. N'a-t-on pas constaté par exemple que la révolution de février 1848 avait abaissé en une seule année la production de l'industrie parisienne de 1463 millions à 767 ? N'en faut-il pas conclure que le besoin de sécurité s'est accru, et que cette entreprise supérieure qui s'appelle un gouvernement, et dont la fonction essentielle consiste à produire de la sécurité, doit développer et perfectionner sa production dans la mesure du développement et du progrès de toutes les autres branches de l'activité humaine?

Est-ce tout? la sécurité est-elle le seul bien nécessaire qu'une nation attende de son gouvernement, et qu'il ait l'obligation de lui procurer? Non! il faut y joindre la liberté, et ici encore les garanties qui pouvaient suffire dans les anciennes sociétés sont devenues insuffisantes pour les nôtres. Dans le milieu social que nous a fait la civilisation accumulée de tant de siècles, l'individu s'appartient presque complétement, il est le maître de sa destinée, mais c'est à la charge de se procurer lui-même des moyens d'existence et d'en régler l'emploi. Et pour remplir cette obligation, naturellement attachée au *self-government*, il faut que chacun ait la liberté entière de donner à ses facultés et à ses biens l'emploi le plus utile; sinon, il ne pourra s'acquitter complétement de ses obligations, et sa condition deviendra difficile et précaire. Que si on lui enlève une portion de liberté pour l'ajouter à celle d'un ou plusieurs individus par la création d'un monopole ou d'un privilége, la condition des bénéficiaires de ce monopole ou de ce privilége se trouvera sans aucun doute facilitée et assurée; mais on aura ainsi créé une injustifiable inégalité et suscité entre les membres d'un même État des germes d'antagonisme qui grandiront tôt ou tard. On aura de plus entravé le développement général de la société en frappant d'une paralysie partielle les facultés productives du grand nombre sans augmenter en compensation l'activité des privilégiés : l'expérience montre au contraire qu'ils ralentissent d'autant plus leurs efforts qu'ils ont moins à redouter la concurrence. Il faut donc que le gouvernement s'applique à garantir à chacun le libre usage de ses facultés et de ses biens, s'il veut faire régner dans la société cette bonne entente qui ne peut se fonder que sur la justice, s'il veut encore y provoquer le déploiement utile de toutes les forces physiques et morales à l'aide desquelles se crée la richesse publique et se fonde la puissance d'un État.

Les libertés du travail, du commerce, de l'enseignement, des cultes, concourent par des voies diverses à ce résultat final. On peut en dire autant des libertés politiques, qui permettent à tous les membres de la nation de participer à la gestion des affaires publiques ou tout au moins de la contrôler. Quand elles font défaut, quand le gouvernement est le monopole d'une classe, ce monopole excite la légitime jalousie des autres, et de plus il limite le choix des hommes capables de prendre part à la direction des affaires communes ; quand à ce monopole se joignent, comme il arrive presque toujours, des restrictions à la liberté d'examiner et de contrôler les actes des gouvernants, les rouages de la machine gouvernementale ne tardent guère à se rouiller, faute de surveillance ; elle se détraque, elle s'effondre, et ce n'est trop souvent qu'après de longs efforts, d'immenses sacrifices et de cruelles souffrances que l'on parvient à la reconstituer. Voilà donc tout un faisceau de libertés dont les gouvernés et le gouvernement lui-même ne peuvent se passer longtemps, et qui ont été qualifiées à bon droit de « libertés nécessaires. » Il convient d'ajouter que ce caractère de nécessité devient plus prononcé à mesure que la concurrence internationale oblige les peuples à déployer plus d'activité pour se maintenir à leur rang. Une nation pouvait s'endormir autrefois dans les limites fermées de son territoire ; elle ne le peut plus depuis que ses frontières sont devenues perméables au courant sans cesse grossissant de la civilisation générale. Du moment par exemple où elle entr'ouvre une porte aux échanges extérieurs, elle subit, quoi qu'elle fasse pour s'y soustraire ou pour en amortir l'effet, l'action de la concurrence. Elle est obligée de se tenir au niveau du progrès général dans toutes les branches de sa production, sous peine d'être débordée par ses rivales, et de subir un amoindrissement absolu ou relatif des ressources qui sont les matériaux de sa puissance. La concurrence internationale suscite, fomente le progrès chez tous les peuples que l'expansion irrésistible de l'industrie, servie par des voies de transport multipliées et perfectionnées, a mis en communication; elle leur est un aiguillon puissant et inexorable qui les pousse en avant, mais qui peut aussi infliger des blessures mortelles à ceux dont la liberté d'action est entravée ou mutilée.

Ce n'est pas tout encore. Les gouvernements modernes ont bien d'autres fonctions que celles qui consistent à garantir la sécurité intérieure et extérieure de l'État, la propriété et la liberté des citoyens, quoique celles-ci soient de beaucoup les plus importantes. Ils empiètent continuellement sur le domaine de l'activité privée, et leurs attributions vont en s'étendant à mesure que leur intervention semble devenir moins nécessaire. Ils distribuent l'instruction à tous les degrés, ils encouragent et subventionnent les arts, ils créent et ils exploitent les voies et les instruments de communication; enfin ils se croient obligés d'exercer « une tutelle administrative » sur de nombreux intérêts. Ces fonctions, jointes aux services qui sont plutôt de leur ressort naturel, savoir la garantie de la sécurité et de la liberté, exigent le concours d'un personnel nombreux, actif, instruit et par-dessus tout inaccessible à la vénalité et à la corruption. Ce personnel, on ne l'improvise pas plus que celui de toute autre branche de l'activité humaine. Il ne peut se former qu'à la longue, par des générations successives engagées dans les divers services d'un gouvernement, l'administration, la la justice, l'armée, l'enseignement, et qui s'en lèguent en la grossissant l'expérience acquise. Sans doute il n'est pas bon que ces services soient monopolisés au profit d'une caste, et le régime des maîtrises gouvernementales ne vaut pas mieux que celui des maîtrises industrielles. En revanche, on ne peut contester que l'hérédité libre des fonctions publiques ne procure des avantages analogues à ceux dont elle est la source dans les professions et les industries privées. Gouverner et administrer un État avec un personnel temporaire, continuellement renouvelable au gré du caprice populaire, ne serait pas plus facile que de faire prospérer une industrie avec un personnel qui pourrait être complétement changé tous les trois ans ou tous les quatre ans, de telle sorte que les bottiers fussent chargés de fabriquer du drap et les drapiers réduits à faire des bottes. On serait probablement très-mal habillé et non moins mal chaussé sous ce régime; comment pourrait-on être bien gouverné et administré?

II

Comment la tâche des gouvernements s'est agrandie et diversifiée chez les peuples modernes. — Qu'ils sont obligés de remplir cette tâche sous peine de mort.

Voilà donc, dans ses traits essentiels, la tâche des gouvernements modernes. Non-seulement cette tâche est plus vaste que ne l'était celle des gouvernements d'autrefois, mais encore elle présente un surcroît de difficultés et de périls.

Examinons par exemple à ce point de vue les rapports des États entre eux. Ne sont-ils pas infiniment plus fréquents et compliqués qu'ils ne l'étaient jadis, ne le deviennent-ils pas tous les jours davantage? Les progrès de l'industrie et le développement prodigieux des voies de communication, en mettant en relation tous les peuples civilisés ou à demi civilisés du globe, n'ont-ils point par là même multiplié entre eux les occasions de querelles et de conflits? Ces différends, la sagesse commande aux États plus encore qu'aux particuliers de les éviter ; mais enfin cela n'est pas toujours possible, et, comme il n'existe point de tribunaux d'États assistés d'une force publique internationale pour les résoudre, ils ne peuvent être vidés le plus souvent que par la force. C'est ainsi que la civilisation, au lieu de diminuer les risques de guerre, comme il semblait permis de l'espérer, a eu au contraire pour résultat de les augmenter. Elle n'a pas davantage atténué les maux de la guerre. La guerre est plus destructive, et elle exerce une influence perturbatrice plus étendue qu'aux époques où la richesse accumulée était moindre et où les relations de peuple à peuple étaient plus rares. La paix elle-même revient aujourd'hui plus cher. L'historien Gibbon, faisant le dénombrement des forces qui suffisaient sous Auguste pour protéger l'empire romain contre les barbares et en assurer la sécurité intérieure, n'arrive qu'à un total d'environ 175,000 hommes. Combien nous sommes loin aujourd'hui de ce chiffre modeste! Et pourtant nous n'avons plus à redouter les invasions des barbares, ce sont bien plutôt les barbares qui ont à redouter les nôtres ; la civilisation ne se défend plus, elle attaque. Malheureusement les nations civilisées sont restées les unes à l'égard des autres à l'état de barbarie, et il faut bien qu'elles augmentent leurs défenses à mesure que s'accroissent entre elles les risques de guerre. Il y a un siècle, on se contentait d'armées relativement peu nombreuses, qui pouvaient être levées au moyen d'un recrutement à peu près volontaire. Depuis la Révolution, les armées se recrutent par voie d'impôt, et leur nombre n'a plus d'autre limite que celle de la récolte annuelle des hommes mûrs pour le service militaire. La conscription elle-même ne suffisant plus, on l'a remplacée par le service entièrement obligatoire. Ces effectifs de plus en plus nombreux que l'on enlève aux travaux productifs, il faut les entretenir, au moins en partie, d'une manière permanente, il faut encore les pourvoir d'un armement qui devient chaque jour plus efficace, mais aussi plus dispendieux. C'est ainsi que la paix subit un renchérissement continu, ce qui n'empêche pas, hélas! les guerres de coûter infiniment plus cher. C'est par milliards qu'on en calcule maintenant les frais, et si l'on songe que les guerres futures mettront aux prises tout ce que les nations belligérantes pourront fournir d'hommes valides, pourvus d'un armement qu'on s'ingénie sans cesse à perfectionner, si l'on songe que la richesse, exposée aux ravages des armées, va de même en s'augmentant, on acquerra la triste conviction que le prix de la guerre est destiné à monter plus encore que celui de la paix. La conclusion pratique qu'il faut tirer et de cette multiplication des risques de guerre et de cette aggravation des frais et des dommages que la guerre occasionne de nos jours, c'est que les gouvernements doivent se tenir continuellement en éveil pour éviter des conflits que tant de points de contact entre eux et entre leurs nationaux, sans parler de leurs alliés, peuvent inopinément faire surgir, qu'ils doivent être toujours prêts, politiquement et militairement, à faire face à des agressions qu'il est quelquefois hors de leur pouvoir d'éviter, et qui peuvent causer des pertes et des dommages sans proportion avec ceux des anciennes guerres. Une politique extérieure inhabile, téméraire ou imprévoyante, un État militaire affaibli par la routine, n'exposent-ils pas en effet, aujourd'hui plus que jamais, une nation à subir des revers mortels pour sa prospérité et sa puissance?

La sécurité intérieure est-elle plus facile à sauvegarder? Nous ne nous arrêterons pas aux dangers que les crimes ou les délits privés font courir aux personnes et aux propriétés. Quoique l'art de la police ait encore plus d'un progrès à faire, il suffit à sa tâche dans la plupart des États civilisés; mais il est un autre péril plus étendu et plus menaçant pour la société tout entière, et contre lequel les moyens de police demeurent impuissants : nous voulons parler de celui qui résulte de l'existence et de la propagande de cet ensemble confus de doctrines antisociales connues sous la dénomination générique de socialisme. A vrai dire, ce péril n'est pas nouveau. Les sociétés à esclaves de l'antiquité ont eu leurs guerres serviles, le moyen âge a eu ses jacqueries, et la lutte que nous avons vue renaître entre le capital et le travail n'est autre chose qu'un prolongement ou une reprise de ces luttes anciennes. Seulement des circonstances particulières à notre temps, la centralisation industrielle, le développement extraordinaire des moyens de communication intellectuelle et matérielle, ont contribué à les généraliser. Ni les esclaves ni les serfs ne savaient lire, et dans l'état d'isolement où ils vivaient il leur était difficile de combiner leurs révoltes contre un ordre social dont ils étaient victimes, mais qu'il eût été, au surplus, hors de leur pouvoir de modifier. Il n'en est plus de même aujourd'hui. La classe qui occupe les régions inférieures de la société a cessé d'être disséminée et assujettie : des centaines de milliers d'ouvriers sont agglomérés dans les grands centres d'industrie ; les plus intelligents ont reçu les premiers rudiments de l'instruction, ils ont leurs journaux, et à défaut de réunions autorisées n'ont-ils pas les conversations du cabaret et de l'atelier? Il leur est permis de s'entendre, de se liguer pour soutenir ou pour augmenter le prix de leur travail ; comment d'ailleurs le leur défendre ? Ces circonstances réunies ne favorisent-elles pas singulièrement la propagande et les tentatives de subversion du socialisme révolutionnaire ? Dira-t-on que les classes inférieures n'ont plus contre la société les griefs qui soulevaient les révoltes des esclaves et des serfs ? Soit ; mais elles en ont d'autres, et, pourquoi ne le dirions-nous pas ? il y en a bien quelques-uns de fondés, car la société où nous vivons est perfectible, elle n'est pas parfaite. Nous ajouterons même que les maux qui naissent de ses imperfections, de ses vices, doivent être surtout ressentis par la classe la plus nombreuse et la plus pauvre. Comme dans les grandes compagnies industrielles où ce sont les petits actionnaires qui pâtissent le plus des fautes ou des abus de la direction, dans une société la mauvaise gestion des affaires publiques, les dépenses improductives ou nuisibles auxquelles se livre le gouvernement, les priviléges qu'il accorde, la corruption qu'il entretient, retombent principalement sur le grand nombre, dont ils augmentent les charges et tarissent les ressources.

Allons plus loin, et convenons que la liberté n'a pas été pour les classes ouvrières une source de biens sans aucun mélange de maux. Lorsqu'elles ont été émancipées de la tutelle de leurs maîtres détestés, avaient-elles bien le jugement assez formé pour se gouverner utilement elles-mêmes? Déclarées majeures et comme telles astreintes aux obligations que la majorité impose, possédaient-elles toute la capacité nécessaire pour s'en acquitter? La nature n'était-elle pas trop souvent ici en retard sur la loi? Combien d'ouvriers sont demeurés imprévoyants comme des enfants ou des sauvages, vivant au jour le jour, n'ayant aucune idée de la responsabilité! Comment la liberté ne leur aurait-elle pas été dure? comment ne l'auraient-ils pas maudite, et la société avec elle? Faut-il donc s'étonner s'ils ont prêté une oreille complaisante à ceux qui leur montraient le remède à leurs maux dans une révolution sociale? Connaissaient-ils les conditions d'existence de la société? Dans leur état d'ignorance ou de demi-instruction, pouvaient-ils se rendre compte des impossibilités économiques du collectivisme, du mutuellisme ou du crédit gratuit? Quand on examine de près la situation matérielle des classes ouvrières, quand on considère surtout l'état de minorité naturelle où elles sont en grande partie demeurées, on s'explique la faveur avec laquelle elles ont accueilli des doctrines qui sont à la mesure de leur développement intellectuel, et qui répondent à leurs dispositions morales. On peut combattre sans doute la propagande du socialisme, on peut encore l'affaiblir en pratiquant avec intelligence et résolution une politique réformiste, mais cela ne peut se faire en un jour. Ni l'instruction sérieuse, ni les réformes vraiment efficaces ne s'improvisent; en attendant les doctrines subversives font leur chemin dans les esprits. Nous savons parfaitement que ces doctrines sont inapplicables, et qu'une société collectiviste ou communiste ne pourrait pas vivre; mais on peut, en vue d'établir cette société chimérique, bouleverser la société existante, et, par ce que nous ont coûté de simples révolutions politiques, nous pouvons conjecturer ce que nous coûterait une révolution sociale. Des années seraient nécessaires pour relever les ruines qu'elle aurait faites en quelques mois ou en quelques jours. Les classes menacées par les apôtres de la liquidation sociale ont le sentiment très-vif de ce péril, peut-être s'en exagèrent-elles la proximité; mais il existe, et il faut s'en préserver. Or il ne suffit pas pour cela que le gouvernement soit capable de repousser par la force une invasion brutale du socialisme révolutionnaire, il faut encore qu'il soit constitué de manière à en empêcher l'invasion légale. En d'autres termes, il faut que le gouvernement demeure inaccessible aux socialistes, eussent-ils de leur côté la majorité numérique, — sinon point de sécurité intérieure.

De même que la sécurité intérieure, la liberté est exposée à des dangers particuliers, moins apparents peut-être, mais qu'il n'est guère moins important d'écarter, soit qu'on se place au point de vue des progrès nécessaires des nations maintenant soumises à la loi de la concurrence, soit qu'on envisage simplement l'intérêt bien entendu des gouvernements eux-mêmes. Toute diminution de liberté implique, comme nous l'avons remarqué plus haut, une diminution d'activité productive, s'il s'agit des libertés économiques,—une diminution de contrôle, s'il s'agit des libertés politiques. Enfin, si l'on amoindrit la liberté des uns pour agrandir celle des autres en créant des monopoles et des priviléges, ou, ce qui revient au même, si l'on augmente les charges des uns pour alléger le fardeau des autres, on suscite des inégalités artificielles contre lesquelles les intérêts lésés finissent tôt ou tard par réagir. Malheureusement la plupart des constitutions existantes n'offrent sur ces différents points à la liberté que des garanties insuffisantes ou illusoires. En livrant sans contre-poids le gouvernement comme un monopole à une aristocratie ou à une bourgeoisie censitaire, elles ont rendu à peu près inévitable l'amoindrissement de la liberté du grand nombre au profit du petit. C'est ainsi qu'en Angleterre l'aristocratie territoriale n'avait pas manqué d'abuser de son influence pour protéger les intérêts de la propriété foncière aux dépens du reste de la nation. Cet exemple n'est pas demeuré isolé, et l'on pourrait citer bien d'autres pays où le monopole politique n'a guère été plus respectueux pour les libertés économiques et pour le principe de la répartition équitable des charges publiques. Ce monopole n'a pas été plus favorable aux libertés politiques, droit de réunion ou d'association, liberté de la tribune et de la presse. Il les a trop souvent supprimées ou limitées, et non sans raison peut-être, car elles menaçaient son existence, mais elles n'en étaient pas moins indispensables au développement de l'activité nationale, au contrôle et à l'amélioration des services publics.

N'avons-nous pas eu raison de dire que les gouvernements modernes ont à remplir une tâche qui dépasse singulièrement en étendue et en difficulté celle de leurs devanciers? Il y a plus. Cette tâche compliquée et ardue, ils sont obligés de la remplir dans toutes ses parties essentielles, sous peine de mort. S'ils ne savent ni conserver la paix ni faire la guerre avec succès, ils courent le risque d'être emportés dans la catastrophe d'une invasion ; s'ils ne garantissent point d'une manière assez complète et assez sûre la sécurité intérieure et les libertés nécessaires, ils sont exposés à périr misérablement dans le guet-apens d'un coup d'État ou à sombrer dans une révolution. Tel a été le sort commun des gouvernements qui se sont succédé en France depuis la chute de l'ancien régime : tous ont échoué dans l'accomplissement de la tâche qui s'imposait à eux. Cependant ces échecs successifs et les catastrophes auxquelles ils ont abouti constituent une « expérience » dont les fruits ne doivent pas être perdus. Ce n'est qu'en recherchant par où chacun de ces essais imparfaits de gouvernement a péché qu'on pourra réussir à élever une construction politique plus utile et plus résistante.

III

Des régimes politiques sous lesquels la France a vécu depuis un demi-siècle. — A quels besoins ils suffisaient, à quels besoins ils ne suffisaient point. — La monarchie constitutionnelle, la république, l'empire. — Causes de leur chute.

Le problème politique qui s'impose à nous consiste à trouver la constitution la mieux appropriée aux besoins de la France moderne, et ce problème, on ne peut le résoudre que par la méthode expérimentale, la seule vraie, la seule efficace dans les sciences politiques aussi bien que dans les sciences naturelles. Il faut donc étudier dans leurs caractères essentiels les différents régimes politiques sous lesquels la France moderne a vécu, monarchie constitutionnelle, empire, république, et reconnaître à quels besoins ils suffisaient, à quels besoins ils ne suffisaient point. Cela fait, on aura quelques indications positives sur les données du problème, on saura ce que l'expérience a consacré, ce qu'elle a condamné, et on se fera une idée approximative de la constitution qui peut s'adapter le mieux à l'état actuel de la France.

Commençons cet examen sommaire par la monarchie constitutionnelle telle que l'avait établie la Restauration, en la greffant sur la vieille théorie du droit divin. En vertu de cette théorie, le roi légitime possédait un droit supérieur et imprescriptible au gouvernement de la France, et, s'il arrivait que ce droit dût être limité, réglé, il lui appartenait seul d'en définir les règles et d'en poser les limites. De là « l'octroi » de la Charte, dont Louis XVIII avait emprunté à l'Angleterre les parties principales, sans rechercher d'assez près si une constitution peut être un article d'importation. La chambre des pairs, héréditaire comme la chambre des lords, était nommée par le roi, et la chambre des députés, appelée à jouer le rôle de la chambre des communes, représentait un corps électoral composé de propriétaires âgés de trente ans accomplis et payant une contribution directe de 300 francs ; les députés n'étaient éligibles qu'à la condition de payer 1,000 francs d'impôts directs et d'avoir quarante ans accomplis. Sans renoncer au principe du droit divin, le roi se résignait dans la pratique à gouverner constitutionnellement, à l'anglaise, de concert avec ses deux chambres, par l'intermédiaire d'un ministère responsable. Ce régime a eu des mérites que tous les esprits impartiaux se plaisent à reconnaître : à l'extérieur, il a relevé la dignité et l'influence de la France ; à l'intérieur, il a rétabli le crédit public, cicatrisé les plaies qu'avaient ouvertes vingt-cinq ans de guerre et deux invasions. L'administration était habile et probe, les dépenses étaient modérées, la France prospérait ; cependant au bout de quinze ans une révolution que beaucoup de gens avaient prévue, mais que bien peu avaient voulue, emportait l'établissement constitutionnel de la Restauration. Que lui avait-il donc manqué pour durer ? Ce n'est pas à la démagogie et au socialisme qu'on peut imputer sa chute : la démagogie était encore ensevelie dans le linceul sanglant de la Terreur, le socialisme commençait seulement à poindre, et n'avait pas même un nom. Il faut chercher la cause de cette chute soudaine plus haut, dans le pays légal constitué par la charte de 1814, où se heurtaient avant de se mêler les éléments politiques antérieurs à la Révolution avec ceux qu'elle avait fait surgir. C'étaient d'un côté une noblesse qui n'avait pu se résigner complétement au nouvel état de choses et un clergé qui rêvait le rétablissement de ses anciens priviléges pour prix de l'alliance du trône et de l'autel, de l'autre une bourgeoisie considérable par le nombre, la fortune et les lumières, qui craignait d'être dépossédée de son pouvoir politique fraîchement acquis par un retour offensif de l'ancien régime. Entre ces deux fractions du pays légal, la lutte était inévitable. Peut-être aurait-elle fini par un traité de paix, peut-être ces deux éléments hostiles, mais ayant des intérêts et des dangers communs, auraient-ils fusionné à la longue, si le roi n'avait point uni sa cause à celle de la minorité et provoqué la révolution par une tentative de coup d'État, en se chargeant ainsi de fournir un argument pratique à ceux qui pensent que la royauté n'est pas nécessairement une garantie d'ordre et de stabilité. En dernière analyse, le gouvernement de la Restauration est tombé pour avoir menacé la sécurité du nouvel état de choses que la Révolution avait fondé; toutefois, en admettant qu'il n'eût pas commis cette faute irrémédiable, renfermait-il en lui-même les éléments nécessaires de durée? Le sort de la monarchie de juillet autorise au moins le doute à cet égard.

Sous le rapport du mécanisme constitutionnel, le gouvernement de 1830 ne différait point sensiblement de celui auquel il succédait. La royauté était conservée avec les mêmes attributions, elle passait seulement de la branche aînée de la maison de Bourbon à la branche cadette ; la chambre des pairs continuait d'être nommée par le roi, avec cette modification en réalité assez peu importante, que l'hérédité était abolie ; la chambre des députés demeurait ce qu'elle était sous le régime de la charte de 1814, sauf que le cens d'éligibilité était réduit de moitié, — de 1,000 francs à 500 francs, — et le cens électoral d'un tiers, — de 300 francs à 200 francs. Le changement de fait accompli par la révolution de 1830 n'en était pas moins profond, en ce qu'il assurait désormais la suprématie politique de la bourgeoisie libérale. Une partie de la noblesse, non la moins considérable par la richesse et l'influence, se retirait sous la tente en laissant vacantes par cette sorte de grève politique les situations les plus enviées de l'État ; une autre partie se ralliait au nouveau régime comme un simple appoint et sans pouvoir élever la prétention d'y occuper une position séparée et dominante. La classe dirigeante devenait presque homogène, ce qui n'était pas un médiocre avantage; sa base, élargie par l'adjonction des censitaires de 200 francs à 300 francs, paraissait mieux assise; enfin elle avait à sa tête un roi animé de son esprit, et qui se piquait volontiers d'être le premier bourgeois de son royaume. Il semblait donc bien cette fois qu'on eût réussi à fonder un établissement politique définitif et à clore

« l'ère des révolutions ». Cependant la monarchie de la branche cadette n'a duré que trois ans de plus que celle de la branche aînée, elle est tombée à l'improviste, sans avoir provoqué sa chute par aucune tentative inconstitutionnelle, simplement pour avoir refusé une insignifiante réforme électorale. Comment s'expliquer cet effrondement inattendu d'un régime qui semblait si correctement établi au point de vue des doctrines constitutionnelles du temps?

Cette explication, un seul mot suffit pourtant à la contenir tout entière : c'est le mot *monopole*. Le gouvernement avait continué d'appartenir d'une manière exclusive sous la monarchie de juillet à « un pays légal » dont les frontières s'étaient à la vérité un peu élargies, mais en dehors duquel demeurait encore la majorité numérique, et avec elle une grande partie de l'élite intellectuelle de la nation, ce qu'on appelait alors *les capacités*. La classe des censitaires à 200 francs, au nombre de 200,000 environ, possédait littéralement comme un monopole le gouvernement de la France. Or c'est le propre du monopole d'engendrer des abus qui deviennent à la longue insupportables tout en l'affaiblissant et pour ainsi dire en le dévorant lui-même. Déjà sous la Restauration, dont la monarchie de juillet avait recueilli l'héritage, la grande propriété foncière et la grande propriété industrielle, prédominantes dans le pays légal, avaient réussi, en se coalisant au sein des chambres, à confisquer à leur profit la liberté commerciale; en même temps que les emplois publics commençaient à être accordés bien moins au mérite qu'aux influences électorales. A ses débuts, le gouvernement de juillet, qui avait pris ses ministres dans la jeunesse libérale de la Restauration, ayant voulu entrer dans la voie des réformes économiques, rencontra dans la coalition des intérêts demeurés prépondérants une barrière infranchissable. Non-seulement il fut obligé de conserver le régime prohibitif, mais encore il fut contraint de l'aggraver dans quelques-unes de ses parties pour obéir aux influences qui s'imposaient à lui ; à plus forte raison ne put-il songer à réformer la législation industrielle, qui favorisait les patrons en interdisant toute entente entre les ouvriers, pendant que la législation commerciale les protégeait au détriment de la masse des consommateurs. L'abus des influences électorales dans la distribution des emplois publics continua de même à s'étendre, et comment en aurait-il été autrement? Toute la puissance politique était concentrée dans le pays légal. La France ne possédait pas même, comme d'autres nations constitutionnelles à suffrage restreint, l'Angleterre et la Belgique, les libertés de la presse et de la tribune, qui donnent à la généralité des citoyens les moyens d'influer, au moins d'une manière indirecte, sur la gestion des affaires publiques, en fournissant ainsi un contre-poids au monopole politique des censitaires. Ces libertés, la monarchie de juillet, violemment attaquée par les légitimistes unis aux républicains, n'avait pas cru pouvoir les supporter. Ne devait-il pas arriver tôt ou tard que la masse exclue sans aucune compensation du pays légal essayerait d'y entrer, et qu'à défaut de la voie trop rétrécie de la légalité elle y entrerait par la brèche de la révolution? Combien en Angleterre la classe dirigeante avait été plus sage! Elle avait pris sous sa sauvegarde les libertés qui servaient de contrepoids nécessaire à son pouvoir; elle avait fait mieux, elle avait obéi aux mouvements de l'opinion soulevée par ces puissants instruments d'agitation. En 1831, elle consentait à élargir sa base par une réforme électorale, et de 1822 à 1846 elle abandonnait successivement toutes les lois qui protégeaient ses intérêts spéciaux contre ceux des masses dépourvues de droits politiques, depuis les lois sur les coalitions jusqu'aux lois sur les céréales. Grâce à cette politique généreusement et habilement réformiste, elle désarmait la révolution, que les « conservateurs-bornes » rendaient inévitable en France.

Par une réaction naturelle, la révolution de février

supprima et la monarchie et le « pays légal » qui lui servait d'appui. Elle voulut établir le gouvernement de la nation par la nation en lui donnant pour base le suffrage universel. En vertu de la constitution de 1848, tous les Français, à l'exception des mineurs et des incapables civilement, furent appelés à élire les membres de l'assemblée législative et le président de la république, chef du pouvoir exécutif. Quoi de plus simple et en apparence aussi quoi de plus conforme aux principes de la démocratie, mais, hélas! quoi de moins pratique? Si cette simplicité et cette symétrie des rouages constitutionnels pouvaient plaire aux esprits mathématiques, suffisaient-elles bien à résoudre le problème du gouvernement dans un état social aussi compliqué que le nôtre? Le régime établi par la constitution de 1848 était-il propre à garantir à la France ces biens dont aucune nation moderne ne peut se passer, la sécurité, la liberté et la bonne gestion continue de la multitude croissante des services publics?

L'expérience ne devait point tarder à prononcer à cet égard, en démontrant une fois de plus qu'un gouvernement ne peut s'appuyer uniquement sur la souveraineté du nombre, — que, s'il est équitable d'accorder à tous ceux qui contribuent aux frais de la gestion des affaires publiques une part d'influence plus ou moins considérable sur cette gestion, on ne peut la laisser complétement à leur merci. Comme le soutenaient les publicistes doctrinaires, dont le seul tort était de se montrer trop exclusifs sur ce point, la capacité politique est indispensable au plein exercice des droits politiques au même titre que la capacité civile l'est au plein exercice des droits civils. Or qui pourrait raisonnablement prétendre que, dans un pays tel que la France, où plus du tiers de la population est absolument illettré, où un autre tiers ne possède qu'une instruction des plus incomplètes, toutes les classes de la population soient, comme le suppose la théorie du suffrage universel, pourvues à un degré égal de la capacité politique? Cette théorie n'est-elle pas visiblement en désaccord avec les faits? Mais quoi? si « le nombre, » encore plongé dans l'ignorance au point de manquer des premiers éléments de l'instruction, ne possédait pas la capacité politique infuse, n'était-ce pas commettre la plus périlleuse et la moins justifiable des imprudences que d'abandonner à sa discrétion, comme le faisaient les constituants de 1848, les relations extérieures de l'État, la sécurité des personnes et des propriétés avec ces « libertés nécessaires » dont la multitude a fait de tout temps si bon marché? Et à quel moment s'avisait-on de courir cette aventure? Au moment même où le socialisme, escorté par la démagogie, venait de faire sa bruyante apparition en provoquant pour son coup d'essai la sanglante insurrection de juin. A la vérité, cette première tentative de révolution sociale avait échoué, mais le suffrage universel ne pouvait-il procurer aux vaincus une revanche éclatante en leur permettant de refaire « légalement » la société? Ne leur suffisait-il pas pour cela de mettre de leur côté la majorité numérique, et dans l'état d'ignorance du peuple souverain était-ce bien difficile?

Supposons par exemple que le socialisme, après avoir commencé par effrayer indistinctement tous les propriétaires, grands et petits, eût compris qu'il faisait fausse route, et qu'il eût séparé habilement la grande propriété de la petite, supposons, disons-nous, qu'il eût ressuscité le mot d'ordre des partageux de 93: Guerre aux châteaux, paix aux chaumières! n'aurait-il pas eu quelque chance de séduire la multitude besoigneuse des paysans-propriétaires? Ces petits propriétaires, rongés par l'usure, n'auraient-ils pas fini peut-être par trouver quelque mérite aux théories niveleuses qui se proposaient d'agrandir la propriété démocratique aux dépens de la propriété aristocratique et bourgeoise? N'auraient-ils pas goûté aussi cette autre théorie ingénieuse et philanthropique qui prétendait dégrever leurs biens de toute hypothèque en vertu de la gratuité du crédit? Les ouvriers de leur côté auraient-ils résisté bien vivement à la tentation de faire racheter pour leur compte par l'État les établissements dont ils étaient les simples salariés ? Quel effroyable abus cette multitude dépourvue de lumières, mais non, hélas! dépourvue d'appétits et de passions, ne pouvait-elle pas faire du pouvoir souverain qu'on lui avait imprudemment abandonné ! Comment donc les intérêts que visait la propagande socialiste, comment ceux à qui M. Proudhon disait de sa grosse voix : — Propriétaires, le socialisme a les yeux sur vous ! — n'auraient-ils pas été saisis d'inquiétude ? Cette inquiétude s'était exagérée sans doute dans l'effarement d'une situation si grave et si nouvelle : après la répression de l'insurrection de juin et la réaction qui s'en était suivie, le danger n'avait plus rien d'imminent, mais il subsistait, et la constitution de 1848, en partageant le pouvoir entre une assemblée et un président issus l'un et l'autre du suffrage universel, ne fournissait aucun moyen de le conjurer. Qu'adviendrait-il en effet, si le « nombre souverain, » venant à être converti au socialisme, nommait une assemblée et un président socialistes ? C'était un risque éloigné peut-être ; était-ce un risque chimérique ? En vain la liberté des clubs avait été supprimée et la liberté de la presse étroitement limitée, en vain des lois rigoureuses prohibaient toute atteinte à la religion, à la famille, à la propriété; on ne pouvait se faire aucune illusion sur l'efficacité de ces restrictions et de ces défenses ; on savait bien que les prohibitions appellent la contrebande, qu'en un temps où la centralisation industrielle agglomère de plus en plus les masses ouvrières, où tant de progrès contribuent à augmenter la facilité des communications, la propagande des doctrines antisociales pouvait être tout au plus retardée, enfin que la possibilité qui était ouverte aux socialistes d'arriver au pouvoir par la voie légale du suffrage universel devait naturellement enflammer leurs espérances et aiguillonner leur zèle. L'inquiétude des intérêts pouvait être exagérée, elle n'était pas dénuée de fondement : la souveraineté du nombre, principe unique de la constitution de 1848, ne couvrait pas assez la propriété.

On s'explique ainsi le bill d'indemnité que les intérêts conservateurs accordèrent à l'auteur du coup d'État du 2 décembre, et le concours qu'ils prêtèrent à la dictature impériale malgré la répugnance que cette dictature devait inspirer aux âmes libérales; mais les intérêts passent avant les sentiments, et l'empire pouvait leur donner, temporairement du moins, une sécurité que le régime établi par la constitution de 1848 était hors d'état de leur procurer. Ce n'est pas que l'empire eût supprimé le suffrage universel : non ! il l'avait au contraire *rétabli ;* seulement il s'était réservé la faculté de le diriger. Grâce au système des candidatures officielles, servi par une administration vigoureusement centralisée et passivement obéissante, grâce encore au régime préventif appliqué avec vigilance à la presse, aux associations et même aux simples réunions, grâce surtout à cette nouvelle édition de la loi des suspects, décrétée sous le nom de loi de sûreté générale, la liberté électorale devint une pure fiction, et le gouvernement put dicter presque entièrement les choix du suffrage universel. Il nommait lui-même son sénat, et il faisait nommer son corps législatif. D'ailleurs, quand même la direction du corps électoral serait venue à faiblir entre ses mains, il avait, par un surcroît de précaution, diminué la liberté parlementaire en dépouillant le corps législatif de toute initiative, en réglementant jusqu'au vote des budgets, et finalement en se réservant le droit de dissolution. Il n'avait donc rien à craindre de la souveraineté du nombre : il avait muselé le monstre, et il le menait à la baguette, tout en affectant pour lui les sentiments de la plus respectueuse considération et du plus parfait amour. Ce régime fonctionna, on le sait, pendant quinze ans, avec toute l'efficacité désirable. L'empire ne fut autre chose, dans cette période principale de son existence, qu'une dictacture politique, militaire et administrative, acceptée ou subie comme seule capable de préserver la société d'une invasion révolutionnaire ou légale de la démagogie et du socialisme. Cependant était-il dans la nature des choses qu'une telle dictature pût se perpétuer ? Deux dissolvants agissaient lentement, mais avec une irrésistible puissance pour la ruiner.

L'un de ces dissolvants résidait dans cette absence même de liberté qui fait vivre les dictatures et qui les tue. Comme l'avouait un jour le dictateur lui-même, « son gouvernement manquait de contrôle ; » et cet aveu révélait l'irréparable faiblesse de ce gouvernement fort. Au dehors, la dictature impériale pouvait gaspiller le sang et les ressources de la France en courant les aventures les plus folles et les plus dispendieuses sans rencontrer un frein dans l'opinion publique, privée de ses outils nécessaires, la liberté électorale, la liberté parlementaire, la liberté de la presse et la liberté d'association ; au dedans, ce même défaut de contrôle, en livrant l'administration civile et militaire à elle-même, ne devait-il pas, en dépit de toutes les réglementations et de toutes les surveillances, laisser beau jeu à la routine et à la corruption ? Ces moisissures administratives, dont l'air renfermé des bureaux favorise naturellement l'éclosion, ne sont-elles pas d'autant plus dangereuses qu'elles sont moins visibles? La machine continue de fonctionner avec toutes les belles apparences de l'ordre, car chacun se croit intéressé à dissimuler le désordre; mais c'est le dessous qu'il faudrait voir! Une administration affranchie du contrôle incessant de ceux qui la payent, le seul contrôle vraiment efficace, ressemble à un navire dont la coque est rongée par les tarets; il conserve jusqu'au bout sa belle apparence, il continue à tenir la mer jusqu'à ce que ses invisibles ennemis aient achevé leur tâche : alors vienne une bourrasque, ses œuvres vives se désagrégent et s'émiettent, l'eau y pénètre de toutes parts, et le *bureau Veritas* inscrit un sinistre de plus.

Ce travail de désagrégation lente, mais continue et irrémédiable, aurait suffi seul pour amener l'effondrement de la dictature impériale. Toutefois une autre cause de dissolution, plus active quoique en réalité moins redoutable, lui venait en aide : nous voulons parler de l'opposition croissante que ce système de gouvernement devait soulever parmi les esprits libéraux. Au début, la frayeur qu'inspirait le « spectre rouge » avait été assez forte pour refouler toute opposition ; peu à peu, on s'était rassuré, on avait oublié le spectre rouge, devenu invisible, et on avait repris goût à la liberté, dont on apercevait d'ailleurs mieux l'utilité depuis qu'on était obligé de s'en passer. L'opposition libérale alla en grandissant, et les libéraux les plus ardents poussèrent l'oubli du péril passé jusqu'à s'allier avec les révolutionnaires pour renverser l'empire; d'autres essayèrent au contraire de le convertir, et ils purent croire un moment qu'ils avaient réussi. L'empire consentit à faire l'expérience de la liberté; mais cette expérience, en admettant même qu'elle fût sincère, pouvait-elle tourner à bien? Un gouvernement fondé exclusivement sur la souveraineté du nombre pouvait-il donner la liberté sans sacrifier la sécurité? En accordant la liberté électorale, la liberté parlementaire, la liberté de la presse et des réunions publiques, l'empire abdiquait en faveur de cette dangereuse souveraineté, il lui abandonnait de nouveau les intérêts conservateurs, et il s'exposait ainsi à être abandonné par eux. Avait-il du moins quelque espoir de se concilier en échange l'opposition libérale et révolutionnaire? Non; celle-ci était irréconciliable, elle le lui avait signifié, et le lui prouvait d'ailleurs chaque jour en se servant de toutes les libertés qu'il concédait pour le démolir. L'empire se perdait donc, ou, pour mieux dire, précipitait sa perte, devenue inévitable, en tentant une expérience incompatible avec son principe. Il s'en aperçut trop tard; il essaya alors du suprême dérivatif de la guerre. Seulement il fallait que la guerre fût heureuse, et pouvait-elle l'être, entreprise par un gouvernement qui pendant près de vingt ans avait « manqué de contrôle? » Le navire rongé par les tarets, qui portait à la dérive César et sa fortune, ne devait-il pas infailliblement périr dans cette bourrasque? Et plût au ciel qu'elle n'eût englouti que César!

IV

Situation actuelle. — Que la monarchie légitime, la monarchie constitutionnelle et l'empire ne peuvent fournir aujourd'hui le gouvernement qui convient à la France. — La république le peut-elle et à quelles conditions?

Ces quatre régimes concurrents, la royauté légitime, la monarchie constitutionnelle issue de 1830, la dictature impériale ou le césarisme, et finalement la république s'offrent de nouveau aujourd'hui à la France. Nous venons de voir ce qu'ils ont été; examinons maintenant ce qu'ils sont, et tâchons de découvrir le plus capable de procurer à la France les biens nécessaires qu'elle leur a demandés en vain jusqu'à présent : la sécurité et la liberté *permanentes*.

Est-ce la monarchie légitime? Au dire de ses fidèles, ce régime est en possession d'un principe supérieur, qui assure, avec une puissance et une efficacité incomparables, son autorité et sa durée : c'est le principe de la légitimité. Que signifie donc ce principe et d'où tire-t-il sa vertu? Il signifie qu'une certaine famille possède seule le droit de gouverner la France, et ce droit, au dire des théoriciens de la légitimité, lui vient de Dieu lui-même[1] ; d'où il résulte que tout autre régime, soit qu'il ait été imposé à la France, soit même qu'il ait été librement accepté par elle, constitue une usurpation. La royauté légitime seule est l'incarnation du droit. Ce principe présente certainement des avantages qu'il est impossible de méconnaître. Supposons qu'il soit universellement accepté et considéré, en quelque sorte, comme un dogme hors duquel il n'est point de salut, il assurera la *permanence* de l'institution gouvernementale, autant au profit de la nation que de la famille régnante elle-même. En effet, une nation est perpétuelle ou du moins considérée comme telle ; et par conséquent intéressée à ce qu'aucune interruption ne se produise dans les services né-

[1] « Il est écrit : *C'est moi qui fais les souverains*. Ceci n'est point une phrase d'église, une métaphore de prédicateur ; c'est la vérité littérale, simple et palpable. C'est une loi du monde politique. Dieu *fait* les rois, au pied de la lettre. Il prépare les races royales, il les mûrit au milieu d'un nuage qui cache leur origine. Elles paraissent ensuite *couronnées de gloire et d'honneur* ; elles se placent. » (Joseph de Maistre, *Du principe générateur des constitutions politiques*. Préface.)

cessaires à son existence. Au nombre de ces services, sont ceux que lui rend son gouvernement. Si le gouvernement n'est pas perpétuel comme la nation elle-même, s'il est exposé, par exemple, à périr au bout d'une période moyenne de quinze ans, qu'arrive-t-il? c'est que le pays subit des crises périodiques qui atteignent profondément sa prospérité : c'est que le capital et le travail y sont exposés à un risque particulier, qui ralentit le développement de l'un, l'activité de l'autre, c'est que le crédit public, et par contre-coup le crédit privé, y deviennent précaires, et, comme conséquence finale, c'est que la nation dont le gouvernement ne vit que quinze ans court le risque d'être dominée par des rivales, plus favorisées, surtout à une époque où la concurrence internationale est devenue plus pressante que jamais. Aucun mal ne peut donc être mis en balance avec celui qui résulte de l'instabilité du gouvernement. Quelle que soit, par exemple, l'imbécillité d'un monarque, quels que soient ses vices ou ses passions malfaisantes, quelque malheureux qu'il puisse être dans ses entreprises, quelque détestable, en un mot, que soit son gouvernement, la nation est intéressée à le supporter avec résignation et patience, car le *mal temporaire* que peut causer un monarque imbécile ou vicieux est incomparablement moindre que le *mal permanent* attaché à l'existence du *risque de révolution*. Si le principe de la légitimité pouvait anéantir ce risque, en assurant la perpétuité de l'institution gouvernementale, il défierait certainement toute concurrence. Mais possède-t-il une telle vertu? Les révolutions de 1789 et de 1830 n'attestent-elles pas assez que s'il l'a possédée jadis, il l'a malheureusement, et selon toute apparence, irrévocablement perdue? La légitimité est, avant tout, une affaire de foi. Ceux qui étaient imbus de cette foi composaient, sous l'ancien régime, la presque totalité de la nation. Ils n'y forment plus aujourd'hui qu'une faible minorité. Il se pourrait, à vrai dire, que cette minorité redevînt un jour majorité, il se pourrait que la France se ralliât de nouveau au principe de la légitimité non par foi mais par raison et par intérêt, si l'expérience lui avait démontré, d'une façon définitive, qu'aucun autre principe n'est capable d'assurer la perpétuité nécessaire de l'institution gouvernementale. Mais quoi qu'en disent les défenseurs de la légitimité, cette démonstration définitive est encore à faire. Bien des gens sont convaincus, et nous sommes du nombre, que la république, sainement constituée, peut procurer la stabilité des institutions aussi bien que la monarchie légitime, et à un moindre prix. En attendant que reste-t-il à la monarchie légitime? Des souvenirs respectables, rien de plus. Si elle venait, par aventure, à être restaurée, quelles seraient sa situation et ses chances de durée ?

Deux hypothèses se présentent ici : la restauration de la légitimité pourrait avoir lieu *sans la fusion* ou *avec la fusion*. Dans le premier cas, la situation de la monarchie légitime ne serait-elle pas des plus précaires et ses chances de durée aussi faibles que possible ? Henri V restauré seul n'aurait pour support que le parti légitimiste, c'est-à-dire un parti qui a le malheur de personnifier, à tort ou a raison, l'ancien régime. Qu'il le voulût ou non, Henri V serait le roi des prêtres et des nobles. Eh bien, de bonne foi, croit-on qu'une monarchie imbue de l'esprit nobiliaire et clérical pourrait subsister longtemps dans la France de 1789 ? Si elle s'établissait après quelque nouvelle invasion de la démagogie, il se pourrait que la peur rassemblât pendant quelque temps autour d'elle les classes conservatrices effarées, mais la peur est un sentiment plus violent que durable. A mesure que s'éloigne la catastrophe qui l'a fait naître, elle va s'affaiblissant et se dissipant : il est bien rare qu'une génération qui n'a point assisté à une commotion révolutionnaire conserve l'impression de terreur qu'en ont reçue les contemporains. L'appui que la monarchie légitime pourrait rencontrer dans les classes conservatrices, en dehors du parti légitimiste proprement dit, serait purement temporaire :

un moment ne tarderait guère à arriver, où la haine des prêtres et des nobles redevenant la plus forte, une coalition des conservateurs libéraux et des révolutionnaires emporterait l'édifice fragile de la légitimité.

Dans la seconde hypothèse, celle de la fusion, les chances de durée d'une restauration de la monarchie légitimiste seraient incontestablement plus fortes. La bourgeoisie orléaniste prendrait patience sous le règne d'Henri V, dans l'espoir de voir prédominer de nouveau son influence à l'avénement de la branche cadette. Dans ce cas, l'union de ces deux éléments prépondérants du parti conservateur pourrait fournir à la monarchie à la fois légitime et constitutionnelle des garanties sérieuses de durée; ces garanties suffiraient-elles cependant pour lui permettre d'affronter toujours avec succès les retours offensifs de la révolution? Personne n'oserait l'affirmer.

Sans doute, de tous les régimes qui se sont succédé en France depuis un demi-siècle, c'est la monarchie constitutionnelle qui a le plus complétement procuré à la France, au prix des moindres sacrifices, les biens précieux qu'une nation demande à son gouvernement, c'est elle aussi qui a vécu le plus longtemps: elle n'a pas duré moins de trente-quatre ans, tandis que l'Empire n'a eu que dix-neuf ans d'existence, et la République de 1848 moins de trois ans. Mais à quoi convient-il d'attribuer cette supériorité incontestable de la monarchie constitutionnelle? Est-ce, comme on le croit trop généralement, à l'institution monarchique elle-même, institution qui se résume dans l'hérédité de la première fonction de l'État? Certes, s'il en était ainsi, si l'hérédité, maintenue par une exception unique pour cette fonction avait la vertu d'augmenter l'aptitude des gouvernements à remplir leur mission, il faudrait bien en passer par là et accepter cette anomalie nécessaire : il faudrait renoncer pour toujours à la république et revenir d'une manière définitive à la monarchie; mais l'hérédité monarchique a-t-elle cette vertu? est-ce bien grâce à elle que le régime constitutionnel a subsisté en France de 1814 à 1848? Supposons que Louis XVIII eût octroyé le suffrage universel avec la liberté électorale ou que Louis-Philippe l'eût établi, combien de temps la monarchie constitutionnelle aurait-elle duré? Aurait-elle pu vivre à moins de se transformer en une dictature analogue à la dictature impériale. Au risque de sembler commettre un paradoxe, ne peut-on pas affirmer, en se fondant sur l'expérience, que l'hérédité monarchique n'a été qu'une pièce secondaire dans le mécanisme constitutionnel? Ne pourrait-on pas soutenir même qu'elle lui a nui et qu'elle a contribué à en abréger la durée? N'est-ce pas un coup d'État, tenté par le roi

Charles X qui a déterminé la chute de la monarchie de la Restauration, et la politique personnelle du roi Louis-Philippe dans l'affaire des mariages espagnols, par exemple, a-t-elle contribué à consolider la monarchie de Juillet ? Non ; la pièce principale de la monarchie constitutionnelle, celle qui a maintenu son existence pendant trente-quatre ans, ce n'est pas la royauté héréditaire, c'est, osons le dire, « le pays légal » malgré ce qu'il avait de défectueux et d'exclusif.

L'institution du pays légal assurait en effet la sécurité de possession de la classe dirigeante, tout en sauvegardant la propriété. Si les changements de ministère modifiaient trop fréquemment peut-être la direction politique du pays, ces changements ne compromettaient point la situation de la généralité du personnel des fonctions publiques. La masse des fonctionnaires n'en était pas atteinte : ni les administrateurs ni les administrés n'avaient à redouter ce remplacement radical d'un personnel par un autre dont les États-Unis nous offrent le spectacle, et qui serait en France, sous le régime du suffrage universel, la conséquence inévitable de l'avénement d'une nouvelle couche sociale. D'un autre côté, l'institution du pays légal, en concentrant la puissance politique entre les mains des propriétaires, assurait entièrement la propriété contre le risque d'une « liquidation sociale. »

Malheureusement elle ne garantissait pas au même degré la liberté, et elle périt, comme tout monopole, faute de contre-poids. Par un mouvement naturel de réaction, la révolution de février alla d'un extrême à l'autre : la monarchie constitutionnelle avait exclu du « pays légal » la grande majorité de la nation, la république l'y fit entrer tout entière. Aussitôt apparut ce double risque inhérent à la souveraineté du nombre : risque de dépossession pour le personnel dirigeant, risque de confiscation pour la propriété, engendrant par une autre réaction en sens inverse, le recours à la dictature.

Eh bien, supposons que la monarchie constitutionnelle vînt à être restaurée à la suite d'une fusion des deux branches de la maison de Bourbon, sur quelle base s'appuierait-elle? Serait-ce comme en 1814 et en 1830 sur le suffrage restreint? En supposant même qu'elle réussît à supprimer le suffrage universel, c'est-à-dire à confisquer le droit électoral de 8 à 9 millions d'hommes pour en faire le monopole de 2 ou 300,000 ou même si l'on veut de 500,000 privilégiés, croit-on qu'un régime assis sur cette base étroite, et ayant pour adversaires naturels tous ceux qu'il aurait dépouillés de ce droit électoral qu'ils possèdent depuis un quart de siècle et auquel ils tiennent, non sans raison, croit-on qu'un tel régime aurait des chances sérieuses de durée ? La monarchie constitutionnelle fondée sur le suffrage restreint a subi l'assaut de deux révolutions, elle a résisté par une heureuse fortune à la première, elle a été emportée par la seconde. Ne le serait-elle pas de nouveau et plus rapidement encore, maintenant que les masses ont possédé le suffrage universel et qu'elles ont acquis dans notre état politique et social une importance qu'elles n'avaient, ni en 1814 ni même en 1830 ? Une monarchie constitutionnelle appuyée sur le suffrage restreint pourrait-elle compter encore sur une durée de quinze ans ? Dira-t-on qu'elle prendrait résolûment pour base, comme le conseillait feu M. de Genoude de la *Gazette de France*, le suffrage universel ? Le pourrait-elle à moins de supprimer les « libertés nécessaires » et, en première ligne, la liberté électorale, c'est-à-dire à moins de se transformer en une dictature plus ou moins déguisée? Avec le suffrage universel *libre*, quelle garantie offrirait la monarchie constitutionnelle aux classes propriétaires ? Ne serait-elle pas exposée, elle aussi, à voir tomber le pouvoir législatif entre les mains d'une majorité radicale ? Et si elle entreprenait de lutter contre cette majorité, issue du suffrage universel, n'y aurait-il pas au bout de ce conflit une révolution ou un coup d'État, probablement même l'un et l'autre ? Que si elle consentait à gouverner constitutionnellement avec une majorité radicale, à accepter les ministres qui lui seraient imposés et à sanctionner les lois qui seraient votées par une chambre rouge, quelles garanties substantielles aurait-elle apportées aux intérêts conservateurs ? Qui ne voit qu'une monarchie constitutionnelle, ayant le suffrage universel pour base, ne serait et ne pourrait être qu'un gouvernement dictatorial, à peu près analogue à ce qu'a été l'empire dans les quinze années qui ont suivi le coup d'État du 2 décembre ?

Est-il besoin d'ajouter qu'il n'y a point parmi les princes d'Orléans, un homme ayant l'étoffe d'un dictateur ? M. le comte de Paris, esprit ouvert, modéré et libéral, serait sans aucun doute un parfait monarque constitutionnel... en Angleterre ou en Belgique. Aurait-il l'énergie nécessaire pour gouverner dictatorialement la France ? en aurait-il même la volonté ? Et pourtant soit avec le suffrage restreint, soit avec le suffrage universel, un roi pourrait-il être autre chose aujourd'hui qu'un « dictateur honteux » ?

Remarquons enfin qu'il s'agit ici de l'hypothèse la plus favorable au rétablissement de la monarchie constitutionnelle : celle de la fusion. Or l'impossibilité de la fusion n'est-elle pas flagrante ? Le fossé qui séparait la branche aînée de la branche cadette ne s'est-il pas incessamment élargi au point de sembler désormais infranchissable? Mais si la monarchie constitutionnelle venait par aventure à être rétablie, en sautant par-dessus la légitimité, si la France intronisait M. le comte de Paris en écartant Henri V, la nouvelle monarchie ne verrait-elle pas se dresser contre elle une triple coalition légitimiste, bonapartiste et radicale? Comment pourrait-elle se défendre, sans sacrifier la liberté, et serait-ce la peine de rétablir la monarchie constitutionnelle pour n'avoir qu'une dictature hypocrite et sournoise?

Autant vaudrait accepter une dictature ouverte, et y entrer de plain pied en restaurant l'Empire. C'est bien en effet une dictature pure et simple que ce « troisième concurrent » offre aujourd'hui à la France. Il ne s'agit plus de « l'empire libéral, » on est revenu de cette utopie. Il s'agit de l'empire dictatorial, de l'empire des premières années, avec le suffrage universel placé sous la tutelle des préfets à poigne, avec la presse soumise au régime des avertissements, avec la loi de sûreté générale et le reste. Mais, quelle que soit sa supériorité, la dictature impériale pourrait-elle suffire longtemps à sa tâche? L'expérience — et combien cette expérience a coûté cher? — n'a-t-elle pas montré deux fois à la France comment les dictatures finissent? Une troisième épreuve ne serait-elle pas de trop? Déjà, la France s'est laissé devancer dans l'arène de la concurrence internationale par les nations qui possèdent la liberté avec la sécurité ; est-ce en subissant de nouveau un régime dont la Russie elle-même ne veut plus qu'elle reprendra son rang dans le monde ?

Reste le « quatrième concurrent », la République. Celui-ci a sur les autres l'avantage de la possesion, mais c'est un avantage précaire. S'il ne l'emporte point autrement, il sera tôt ou tard évincé par eux. Il s'agit donc de savoir si la République est plus capable que ses concurrents monarchiques de procurer à la France « la sécurité avec la liberté. » Eh bien, à cette question, on peut hardiment répondre : Non ! si la République de 1873 se borne à marcher dans l'ornière de ses aînées ; oui, au contraire, mille fois oui, si tenant compte des leçons de l'expérience, elle s'organise de manière à faire mieux et à moins de frais que ses rivaux la besogne du gouvernement. Le peut-elle, et comment ? Voilà ce qu'il nous reste à examiner.

V.

Pourquoi la république démocratique et la république oligarchique ne sont pas viables. — Ce que doit être la république possible. — Constitution, rôle et attributions du pouvoir législatif, du pouvoir exécutif. — Leurs relations.

Si l'on veut savoir ce que doit être une république au temps et dans le pays où nous sommes, il faut — et c'est par là que nous avons commencé — se rendre exactement compte des besoins auxquels un gouvernement doit pourvoir et des conditions d'organisation ou de mécanisme qu'il doit observer pour être en état d'y pourvoir.

Les besoins qu'un gouvernement a pour mission de satisfaire varient, comme nous l'avons remarqué, selon les époques; mais le premier a été de tout temps le besoin de sécurité extérieure, et il ne semble pas malheureusement que les progrès de la civilisation aient rendu en ce point la tâche des gouvernements plus facile, au contraire! Entre des nations de plus en plus rapprochées et dont les rapports de toute sorte deviennent chaque jour plus fréquents, les occasions de conflits sont aussi plus nombreuses. Ces conflits, il faut savoir les éviter ou les résoudre à l'amiable, et, si une solution pacifique n'est pas possible, il faut être en mesure de les vider par la force. Voilà ce que demande la sécurité extérieure. Le besoin de sécurité intérieure et le besoin de liberté ne viennent qu'après; on pourrait soutenir même qu'ils en découlent. Une nation au sein de laquelle la propriété ne serait point sûrement garantie, dont l'activité ne pourrait prendre tout son essor faute de liberté, serait-elle en état de soutenir longtemps, soit dans la paix, soit dans la guerre, la concurrence de ses rivales en possession plus complète de ces éléments de prospérité et de puissance? En tout cas, la sécurité extérieure et intérieure avec la liberté, voilà bien ce qu'on pourrait appeler les besoins nationaux de première nécessité.

A quelles conditions un gouvernement peut-il y pourvoir d'une manière suffisante? Ces conditions sont aussi de plusieurs sortes; elles n'ont rien d'arbitraire, et elles veulent impérieusement être remplies. La première est la spécialité et la stabilité des fonctions gouvernementales. La politique, l'administration, la justice et la guerre sont des arts qui exigent l'application continue de facultés d'un ordre élevé, façonnées par une éducation professionnelle et aidées par la tradition qui n'est que l'expérience accumulée. De là, la nécessité de la formation d'une classe adonnée particulièrement aux affaires et aux fonctions publiques et jouissant d'une sécurité de possession analogue à celle de la classe agricole ou industrielle par exemple, c'est-à-dire à l'abri du risque d'être brusquement expulsée de ses positions par quelque nouvelle couche sociale, dont la nation ait à payer les frais d'apprentissage. Dans ce cas seulement, un gouvernement peut soutenir, en ce qui le concerne, l'effort de la concurrence internationale, qui s'exerce par la politique et la guerre aussi bien que par l'industrie. De même la sécurité intérieure ne peut être préservée qu'à une condition : c'est que le gouvernement ne soit point exposé par un vice organique, à passer entre les mains d'une classe hostile à la propriété. Enfin la liberté ne peut être assurée qu'à cette autre condition, que le gouvernement ne soit point le monopole exclusif d'une classe quelconque. Ces deux dernières conditions sont particulièrement à noter dans un pays où, d'une part, les classes inférieures sont travaillées par le socialisme, où, d'une autre part, les classes dirigeantes ont un goût des plus prononcés pour le monopole.

Or nous avons remarqué encore que la république telle qu'on l'avait instituée en 1848, s'était montrée radicalement impuissante à remplir cette mission complexe et difficile qui s'impose aujourd'hui à tout gouvernement, sous peine de mort. Que faut-il conclure de là, sinon que la République de 1873 périra comme a péri sa devancière, si elle suit les mêmes errements, si elle se constitue comme elle en vertu de « principes » abstraits et malheureusement aussi contestables qu'abstraits, sans tenir aucun compte des données pratiques que fournissent l'observation et l'expérience.

L'Assemblée nationale de 1848 avait établi, — il n'est pas superflu d'insister sur ce point — une république absolument démocratique. La souveraineté du nombre s'y exerçait dans toute sa plénitude en nommant, d'une part, les membres d'une Assemblée législative unique, de l'autre, le chef du pouvoir exécutif. Eh bien, quel usage le nombre a-t-il fait de sa souveraineté? Sous le coup des désastres causés par la Révolution et de la panique suscitée par le socialisme, le nombre souverain a nommé, aussitôt la constitution faite, une assemblée législative réactionnaire et royaliste, et un président dont les titres les plus notables à sa confiance étaient les échauffourées de Strasbourg et de Boulogne. Qu'a fait cette Assemblée issue du suffrage universel? Elle s'est empressée, on sait avec quel entrain, de le mutiler par la loi du 31 mai 1850, en transformant ainsi la république démocratique dont elle avait reçu le dépôt en une oligarchie appuyée sur un corps électoral épuré de ses éléments populaires. Sans doute, l'épuration n'était pas complète, mais la loi du 31 mai n'était qu'un premier pas. Seulement, ce fut le président qui se chargea de faire le second, en substituant à cette ébauche informe d'une république oligarchique, le césarisme. Cette substitution, nul n'ignore qu'elle s'opéra avec l'assentiment tacite des masses, nous pourrions dire même à leur satisfaction, car les masses ont de tout temps préféré un seul César à un troupeau de Césars, et peut-être n'ont-elles pas tort. — Eh bien, n'y a-t-il pas apparence que ce qui s'est passé alors pourrait bien se renouveler aujourd'hui? Sous le coup de la réaction provoquée par la dictature malheureuse de M. Gambetta, le nombre souverain a nommé une Assemblée, en majorité, réactionnaire et royaliste. Cette assemblée à son tour a délégué le pouvoir exécutif à un homme qu'elle croyait animé de ses passions et de son esprit, au plus éminent des monarchistes constitutionnels, M. Thiers. Si elle s'est trompée en ce point, ce n'est pas sa faute, car elle n'avait, Dieu merci! aucune envie de donner un Washington à la France. Si elle pouvait le remplacer, aujourd'hui ne choisirait-elle pas un Monk plutôt qu'un Washington? En attendant que les circonstances lui permettent de faire un roi, quel dessein favori caresse cette Assemblée? N'est-ce pas encore une fois de substituer l'oligarchie à la démocratie, en mutilant par une nouvelle loi du 31 mai le suffrage universel? Et qu'adviendrait-il si elle réussissait dans ce dessein? Ne frayerait-elle pas de nouveau la route à un César quelconque, qui s'emparerait du pouvoir avec l'assentiment et peut-être avec le concours actif de la démocratie dépossédée? L'expérience qui s'est faite après 1848 et celle qui est en train de se faire aujourd'hui, ne nous montrent-elles pas, d'une façon assez claire, que ni la République démocratique de 1848, ni la République oligarchique de 1850 ne sont *possibles* en France. Celle-là mène à celle-ci et celle-ci mène au césarisme.

Si l'on veut constituer une « république possible, » il faut prendre un autre point de départ et suivre une autre voie. Il faut tâcher d'oublier les principes abstraits et, en premier lieu, le principe de la « souveraineté du nombre, » et fonder un édifice politique à la manière anglaise ou américaine, en se préoccupant avant tout de sa destination et des règles que l'expérience a consacrées en matière d'architecture politique.

Essayons d'appliquer ces règles, examinons comment la république devrait être constituée en France pour satisfaire aux conditions d'un bon gouvernement.

Toutefois, à moins d'écrire un traité complet sur la matière, nous sommes obligés de considérer comme démontrées ces deux vérités d'expérience, savoir qu'une République, comme tout gouvernement, doit se fonder, en premier lieu, sur le principe de la séparation des pouvoirs législatif et exécutif, en second lieu, sur la dualité du pouvoir législatif et l'unité du pouvoir exécutif. Ces deux vérités élémentaires admises, il ne s'agit plus que d'étudier le mode de nomination, le rôle et les attributions des deux chambres et du chef du Pouvoir exécutif, ainsi que les relations de ces différents pouvoirs.

I. *La première chambre ou chambre haute.* — Pour répondre au but spécial de son institution qui serait de garantir la sécurité des intérêts et la direction intelligente des affaires publiques, la chambre haute devrait naturellement être la représentation de la classe qui possède avec la capacité politique la portion la plus considérable du capital de la nation. Mais cette classe où est-elle? comment la reconnaître et la délimiter?

On ne peut, cela est évident, résoudre cette question avec une précision mathématique. Comme dans toutes les questions qui appartiennent au domaine des sciences positives, il faut consulter l'observation et l'expérience, et se contenter de la solution approximative qu'elles peuvent fournir. Or, l'expérience a déjà prononcé en cette matière. L'expérience a démontré qu'aux époques où le pouvoir législatif était issu en France d'une classe limitée par un cens de 300 francs sous la Restauration, de 200 francs sous la monarchie de Juillet, la capacité politique et la propriété s'y trouvaient représentées d'une manière suffisante. Ce qui le prouve, c'est qu'à ces époques, les deux premiers besoins de toute sociéte, la sécurité extérieure et intérieure, étaient amplement satisfaits. La France était respectée et honorée au dehors, tout en conservant le plus précieux des biens : la paix; au dedans, la sécurité des intérêts était entière, le crédit florissant : en 1846, la rente 5 p. 100 s'élevait au taux de 125 francs, qu'elle n'a plus atteint depuis, même aux jours les plus prospères de la dictature impériale. Cette expérience n'est-elle pas concluante? La sagesse ne commande-t-elle pas à la République d'en faire son profit, en empruntant, au moins comme l'un de ses éléments constitutifs, une institution qui a permis à la monarchie de subsister pendant trente-quatre ans? Supposons qu'elle adopte, pour la formation de la première chambre, le cens en vigueur sous la monarchie de Juillet, supposons d'un autre côté que cette fraction du pouvoir législatif se trouve investie d'attributions et de pouvoirs tels que la gestion des affaires publiques soit en réalité entre ses mains, et, en tout cas, qu'aucune loi, aucune mesure législative ne puisse être préparée et mise en vigueur sans sa participation, n'est-il pas certain que la République offrira des garanties de capacité et de sécurité au moins égales à celles que possédait la monarchie? Sans doute, un corps électoral limité par un cens de 200 francs ne contiendrait pas toute la capacité politique de la nation, il ne contiendrait pas non plus tout le capital national, mais il renfermerait, sauf de bien rares exceptions, l'aristocratie des capacités; il renfermerait la plus grande partie des familles vouées à la politique, à l'administration, aux fonctions de la magistrature et aux autres services publics; il renfermerait la majorité des intelligences d'élite qui forment l'état-major de la science, des arts, des professions libérales, de l'industrie, du commerce et de l'agriculture; il renfermerait enfin toute la grande et la moyenne propriété. Ne serait-ce pas tout ce qu'il faudrait pour procurer la sécurité aux intérêts, une direction intelligente et expérimentée aux affaires publiques? D'ailleurs, s'il existait en dehors du corps électoral de la première chambre des capacités politiques éminentes, rien n'empêcherait les électeurs de mettre leurs lumières et leur expérience à profit, en les élisant. Dans l'hypothèse de la formation de la première chambre par un corps de censitaires, un cens ou des conditions quelconques d'éligibilité seraient complétement superflues — elles seraient même nuisibles en limitant le choix utile des électeurs, — car il ne serait guère probable qu'un démagogue, un partageux, fût-il un génie politique de premier ordre, obtînt les suffrages d'électeurs censitaires à 200 francs et au-dessus. Toutes les capacités dignes de ce nom pourraient donc arriver à la première chambre, tandis que la propriété trouverait dans la constitution de cette chambre toutes les garanties de sécurité désirables.

La chambre haute ainsi constituée, quels devraient être son rôle et ses attributions? Représentation des classes les plus capables et les plus intéressées à la bonne gestion des affaires publiques, elle devrait être à l'exemple des sénats des anciennes républiques, et dans une certaine mesure, du sénat des États-Unis la « chambre de gouvernement, » sauf à subir le contrôle de la seconde chambre. C'est à elle que reviendrait d'abord l'examen des budgets et des projets de loi de toute sorte, c'est à elle qu'appartiendrait le droit d'approuver ou de censurer les actes du pouvoir exécutif, représenté devant elle par un ministère responsable. Après avoir discuté et adopté les budgets et les projets de loi qui lui seraient soumis, elle en assumerait la responsabilité et se chargerait de les présenter à la ratification de la seconde chambre, en déléguant cette mission aux rapporteurs de ses commissions ou à des commissaires spéciaux. Bref, la première chambre occuperait effectivement le premier rôle dans la constitution républicaine, au lieu d'être réduite, comme la plupart des chambres hautes des monarchies constitutionnelles, au rôle de comparse. Ce ne serait pas trop de trois cents membres pour suffire aux attributions importantes et diverses dont elle serait chargée. Ajoutons que ce personnel investi de la gestion et de la responsabilité des affaires devrait posséder une certaine stabilité, sans être voué cependant à l'immobilité. On pourrait appliquer à la première chambre le système du renouvellement partiel, usité aux États-Unis pour le sénat, et la renouveler par tiers tous les trois ans, ce qui porterait à neuf ans la durée du mandat d'un membre de la chambre haute.

II. *La seconde chambre.* — On peut admettre qu'une nation accorde, ou abandonne à une classe plus ou moins nombreuse le droit de la gouverner, si l'expérience lui a prouvé qu'elle ne possède point elle-même, dans son ensemble, la capacité requise pour s'acquitter de cette tâche ardue, si cette même expérience lui a démontré encore qu'elle renferme dans son sein des classes politiquement dangereuses, que leur ignorance, les doctrines pernicieuses dont elles sont infectées, doivent faire écarter à tout prix de la direction des affaires. C'est pourquoi la constitution d'un pays légal investi d'une sorte de gérance politique peut être une nécessité. Mais ce qu'on ne saurait admettre, c'est qu'un peuple s'abandonne complétement à la discrétion de la classe gouvernante ou dirigeante, sans se réserver aucune garantie, aucun recours contre l'abus qu'elle peut faire de sa situation, abus inhérent, hélas ! à la nature humaine et qui se produit invariablement chaque fois qu'un pouvoir quelconque est attribué *sans contre-poids* à un homme ou, pis encore, à une classe d'hommes. Voilà pourquoi, n'en déplaise aux doctrinaires du régime constitutionnel, une nation considérée dans son ensemble ne peut se désintéresser complétement de ses affaires, si peu capable qu'elle soit d'intervenir dans leur gestion ; voilà pourquoi elle doit se réserver le droit d'empêcher la classe dirigeante d'abuser du pouvoir dont elle l'a investie et des ressources qu'elle met à sa disposition. Elle ne peut, en aucun cas, se dessaisir du droit de voter les budgets et de participer à la confection ou à la réforme des lois sous lesquelles elle est appelée à vivre. C'est là un contre-poids indispensable aux pouvoirs spéciaux accordés à la classe dirigeante. En absence de ce contre-poids, tout gouvernement devient un monopole, monopole d'autant plus oppressif et plus insupportable qu'il est exercé par une classe plus puissante et plus nombreuse.

Ce contre-poids trouve sa place naturelle dans une seconde chambre issue de la totalité de la nation et chargée de contrôler la gestion de la première. Comment devrait-elle être constituée pour représenter la généralité des intérêts nationaux, sans qu'aucun de ces intérêts pût être sacrifié ? Elle devrait avoir pour base le suffrage universel, dans son acception la plus large, c'est-à-dire entendu de telle façon que la majorité politique coïncidât avec la majorité civile, ou, si l'on veut encore, que le droit de participer à la gestion des affaires publiques, considérées justement comme une portion intégrante des affaires privées de chacun des membres de la nation, fût rangé parmi les droits civils ; d'où cette conséquence que l'exercice des droits politiques devrait être subordonné aux mêmes conditions que celui des droits civils, ni plus, ni moins. Conçoit-on, par exemple, qu'une condition de domicile soit exigée de l'électeur quand il s'agit de la représentation nationale ? Tout citoyen, qu'il soit sédentaire, ou obligé par les nécessités de sa profession à mener une existence plus ou moins nomade, n'est-il pas intéressé à la bonne gestion des affaires de la communauté? Ne serait-il pas souverainement inique d'exproprier de leur droit électoral, sans aucune indemnité ni compensation, des Français établis en France, et contribuant pour leur part aux charges publiques, — ce qui leur confère un droit indiscutable d'intervenir dans l'emploi de leur part contributive, — sous le prétexte ridicule qu'ils ont cessé d'habiter le lieu de leur naissance? Tout déplacement, tout changement de domicile serait donc considéré comme une preuve d'immoralité et d'incapacité politique? Est-il rien de plus contraire au droit et à la raison? A ce compte, l'huître attachée à son rocher ne serait-elle pas le plus parfait des électeurs? Nous concevons toutefois que l'on songe à recourir à cet expédient, si peu justifiable qu'il soit, quand tout l'édifice politique repose sur le suffrage universel. C'est un moyen comme un autre d'éliminer du corps électoral une partie de la classe réputée dangereuse, et de retarder l'avénement de la démagogie en attendant que les circonstances permettent de recourir à un procédé plus efficace; mais cette raison de salut public pourrait-elle encore être invoquée sous un régime où la capacité et la propriété entreraient en partage de pouvoirs avec le nombre? Sous un tel régime, il n'y aurait aucune raison de mutiler le suffrage universel. On pourrait établir même que toute confiscation partielle du droit électoral serait aussi nuisible qu'injuste. Ce ne serait pas trop, en effet, pour la seconde chambre, d'être la représentation de la nation tout entière, si l'on voulait qu'elle fît réellement contre-poids à la première, en possession d'une influence prépondante, grâce à sa composition et à ses attributions. Enfin cette classe de citoyens expropriés de leur droit électoral, dont les intérêts ne seraient plus représentés, ce qui est synonyme de n'être plus défendus, cette classe de parias politiques ne formerait-elle pas une pépinière naturelle de mécontents et de recrues pour l'armée de la révolution ?

La seconde chambre devrait donc être élue par le suffrage universel, sans restriction aucune. Quels seraient son rôle et ses attributions? Elle n'aurait point à intervenir dans le gouvernement proprement dit et par conséquent point de relations directes avec le pouvoir exécutif : ce serait là le rôle de la première chambre. Mais en sa qualité de représentation de la généralité des contribuables, c'est à elle que reviendrait le droit essentiel de « consentir l'impôt, » impliquant le droit d'examiner, de discuter, d'approuver, de modifier ou de rejeter les budgets des recettes et des dépenses ; elle devrait encore être investie du droit non moins essentiel de « consentir la loi, » impliquant le droit d'accepter ou de refuser toute modification du régime légal sous lequel tous les Français sont appelés à vivre.

Ce rôle et ces attributions d'une seconde chambre ne sont pas seulement fondés en droit, ils ont encore une raison d'être pratique, dont il est aisé de se rendre compte. La classe dirigeante a partout et toujours, l'expérience de tous les peuples est là pour l'attester, une tendance naturelle à augmenter ses attributions, à multiplier les emplois qui lui sont ouverts et à accroître ainsi, incessamment, le fardeau des charges publiques. Comment en serait-il autrement ? La classe dirigeante ne prend-elle pas toujours et nécessairement dans le budget une part supérieure à sa propre contribution ? Une autre tendance de la classe dirigeante, c'est d'augmenter incessamment aussi ses pouvoirs aux dépens de la liberté générale. Cela étant, n'importe-t-il pas qu'un frein soit opposé à ces deux tendances corruptrices, et, ce frein n'est-ce pas dans une chambre issue de la généralité des citoyens que se trouve sa place naturelle ? Tandis que la mission particulière de la première chambre serait de garantir la stabilité du gouvernement et la sécurité des intérêts, le rôle de la seconde chambre consisterait plutôt à défendre la bourse des contribuables et les libertés publiques.

De là, à la vérité, entre les deux chambres un état naturel d'opposition, analogue à celui qui existe entre le producteur et le consommateur, le vendeur et l'acheteur, le contrôlé et le contrôleur. Cette situation aurait ses difficultés et ses périls : il s'agirait d'aplanir les unes et de prévenir les autres. Comment les choses se passeraient-elles? Deux cas pourraient se présenter : ou la seconde chambre ratifierait, sans modifications, les budgets et les autres projets de lois adoptés par la première, et dans ce cas aucune difficulté ne surgirait : budgets et projets de lois de toute nature seraient renvoyés après leur adoption à la première chambre, qui les transmettrait au pouvoir exécutif, chargé de les promulguer, ou bien ils seraient amendés ou même rejetés par la seconde chambre. Dans ce cas, la première aurait à examiner de concert avec le pouvoir exécutif, s'il y a lieu ou non, dans l'intérêt public, d'accepter ces amendements ou ce rejet. Si des concessions mutuelles ne parvenaient pas à résoudre le différend, le gouvernement et la chambre gouvernante devraient être autorisés à en appeler au pays. Le Président de la République serait armé du pouvoir de dissoudre la seconde chambre, avec l'assentiment de la première. L'expérience atteste que les gouvernements n'abusent pas volontiers du droit de dissolution, car une dissolution, c'est une crise, et les gouvernements, qu'ils soient républicains ou monarchiques, n'ont pas intérêt à multiplier les crises. Ce serait la ressource dernière, l'ancre de salut, dans le cas d'ailleurs peu probable où la démagogie bannie de la première chambre parviendrait à se rendre maîtresse de la seconde. La classe dirigeante pourrait néanmoins, il faut bien en convenir, faire abus de ce droit et affaiblir ainsi, sinon paralyser le contrôle de la nation, mais entre deux maux il convient de choisir le moindre. Mieux vaut s'exposer à rendre le contrôle difficile qu'à rendre le gouvernement impossible. Reste enfin l'opinion publique, qui finit toujours par donner raison à qui a raison, et qui remédie ainsi à l'imperfection inévitable des mécanismes politiques.

III. *Le pouvoir exécutif.* — Il est clair que toutes les garanties de sécurité résultant de l'institution d'une première chambre pourraient être affaiblies ou compromises, si cette chambre n'intervenait pas efficacement dans le choix du chef du pouvoir exécutif. Cependant pourrait-elle y intervenir seule? Serait-il admissible que toute la nation contribuât à la formation du pouvoir législatif et qu'une partie de la nation seulement fût appelée à choisir, par ses délégués, le chef du pouvoir exécutif? Serait-ce logique? Enfin, en abandonnant exclusivement à la première chambre la nomination du chef de l'État ne s'exposerait-on pas à la voir devenir un foyer de corruption et de népotisme? On éviterait ces inconvénients et ces abus, tout en assurant l'accord nécessaire du pouvoir exécutif avec la chambre haute, si le Président de la République était nommé par la seconde chambre sur une liste de trois candidats proposés par la première. On aurait ainsi toute garantie que la première fonction de l'État ne pourrait tomber entre les mains d'un démagogue ou d'un socialiste, puisque le Président de la République serait désigné par la représentation du corps des censitaires. On serait assuré en même temps que cette fonction si importante dans un pays centralisé, où les fonctionnaires se comptent par centaines de mille, ne deviendrait point la proie de quelque ambitieux, habile à se créer un parti dans la première chambre pour monter au pouvoir et s'y perpétuer, puisque le choix définitif appartiendrait à la seconde chambre. On pourrait nommer le Président de la République pour quatre ans comme aux États-Unis en le rendant indéfiniment rééligible. Comme aux États-Unis encore, et conformément au principe de la séparation des pouvoirs, ses attributions seraient purement exécutives.

VI

Conclusion. — Raison d'être de la *République tempérée*.

Ce serait en vain que l'on proclamerait la République définitive, si on ne lui donnait point une constitution capable de la faire durer. Cette constitution *viable*, réussira-t-on à la faire ? Il est malheureusement encore permis d'en douter. La République a déjà fourni à la France un bon nombre de constitutions, mais les unes n'ont pas même été pratiquées et les autres n'ont guère tardé à être reconnues impraticables. Ajoutons que ces expériences avortées, ces *écoles* sont demeurées à peu près comme non avenues. Les républicains de toute nuance continuent volontiers à croire qu'il suffit de donner à la constitution destinée à régir la France une étiquette démocratique et d'inscrire à son préambule, en style lapidaire, la série des droits qu'elle garantit, y compris même « le droit d'aller et venir, » pour la rendre possible. Il n'était peut-être pas inutile de réagir contre cette illusion et de montrer à quelles conditions une constitution républicaine peut répondre à sa destination, qui est de garantir l'ordre avec la liberté; à quelles conditions, par conséquent, elle peut vivre et faire vivre la République. C'est pourquoi nous avons esquissé l'ébauche d'une constitution remplissant ces conditions révélées par l'observation et l'expérience, sans nous dissimuler tout ce que cette ébauche a d'imparfait. Mais le but que nous nous sommes proposé n'en serait pas moins atteint si nous avions réussi à éveiller l'attention des esprits sur les difficultés particulières et techniques du problème à résoudre; si nous avions réussi à faire comprendre qu'une constitution est un mécanisme comme un autre, et qu'on ne peut construire ce mécanisme à moins d'avoir quelques notions positives sur la destination à laquelle il doit être appliqué et sur les règles qu'il faut suivre pour l'y approprier. En dernière analyse, c'est là le point essentiel. Si la constitution qu'il s'agit de donner à la République ne fonctionne point de manière à procurer à tous les intérêts la sécurité, dont ils ne peuvent point se passer, tout en garantissant les « libertés nécessaires, » elle périra, et la République avec elle. Car ce n'est pas, quoi qu'on en dise, en dehors des gouvernements qu'il faut chercher les causes de leur chute. Ils ne peuvent durer qu'à la condition d'être appropriés aux besoins qu'ils ont à satisfaire, adaptés aux services qu'ils sont destinés à rendre.

Cela dit pour justifier l'incursion que nous nous sommes permis de faire dans le domaine des législateurs ou des constituants à mandat, examinons si la constitution dont nous venons d'esquisser les linéaments répondrait à sa destination, si elle serait capable de garantir la sécurité des intérêts avec les libertés nécessaires.

La pièce principale de ce mécanisme serait la première chambre issue d'un corps de censitaires, et particulièrement destinée à servir de sauvegarde à la propriété. Cette chambre posséderait-elle l'autorité nécessaire pour remplir ce rôle ?

On prétend, nous ne l'ignorons pas, qu'une chambre haute émanée du suffrage restreint demeurerait sans autorité en présence d'une seconde chambre nommée par le suffrage universel ; on soutient même d'une manière générale que les chambres hautes, à l'exception de la chambre des lords et du sénat américain, jouent aujourd'hui un rôle secondaire, et qu'on pourrait à la rigueur les supprimer comme des rouages inutiles ;

mais est-il besoin de faire remarquer que l'autorité d'une chambre dépend avant tout de l'importance des intérêts qu'elle représente et de l'étendue de ses prérogatives, quels que soient d'ailleurs son mode de formation et le rang qui lui est assigné ? Si, comme le sénat belge, elle représente le même corps électoral que la seconde chambre, et si elle est chargée de la même besogne, pourra-t-elle être autre chose qu'une doublure ? Si elle est nommée par un roi ou un empereur, comme la chambre des pairs de la monarchie de Juillet ou le sénat de l'empire, et ne représente que l'intérêt dynastique, aura-t-elle dans le pays d'autres racines que celles de la dynastie elle-même ? De plus, comme elle lui empruntera toute sa force, elle ne pourra évidemment lui en prêter aucune, elle sera une non-valeur politique. Si, au contraire, comme la chambre des lords, elle est la représentation d'une classe puissante par la richesse et l'influence unies à la capacité politique, elle sera puissante et influente, quand même elle ne procéderait pas de l'élection et se trouverait en présence d'une chambre élective. Or, si l'on songe qu'un corps de censitaires limité à 200 fr. contiendrait toute la grande et la moyenne propriété avec la plus grande partie de la capacité politique du pays, on demeurera convaincu que la chambre qui en serait la représentation jouirait d'une autorité égale sinon supérieure à celle que la chambre des lords a possédée dans ses plus beaux jours. Objectera-t-on encore — et cette objection serait peut-être irrésistible si elle était fondée — que cette représentation spécialement accordée à une classe constituerait un privilége, qu'il serait contraire à la justice et à l'égalité de conférer à un corps de censitaires un double droit électoral? Mais s'il est vrai que la propriété doive être comptée comme un élément de représentation aussi bien que le nombre, s'il est vrai que le droit électoral dans une société politique soit proportionnel et non point égalitaire, cette objection ne tombe-t-elle pas d'elle-même[1] ?

[1] Il y a, disions-nous dans une conférence sur le suffrage universel, deux sortes de représentation : celle qui ne tient compte que du nombre et celle qui se règle sur la valeur des intérêts représentés; l'une est égalitaire, l'autre est proportionnelle.

..... Pour rendre bien clairement ce qu'il faut entendre par cette expression : *Suffrage proportionnel*, je citerai comme exemple la manière dont le suffrage est établi dans une société industrielle, commerciale ou financière convenablement organisée. Tout actionnaire a droit d'intervenir dans les assemblées générales; il y a suffrage universel, mais chacun possède autant de voix qu'il a d'actions, en sorte que tous les intérêts y sont représentés en raison de leur valeur.

Eh bien, je le dis que même principe est applicable à la société politique. Nous contribuons tous, en effet, à l'entretien du gouvernement, nous sommes tous responsables des dettes qu'il peut contracter; mais nos contributions ne sont pas égales, et les égalitaires les plus fervents eux-mêmes ne demandent pas qu'elles le soient; notre responsabilité, en ce qui concerne les dettes, n'est pas égale non plus : contribution et responsabilité sont proportionnelles au montant de notre avoir, ou

La première chambre serait la forteresse des intérêts conservateurs; cependant tout en leur assurant

du moins sont censées l'être; d'où je conclus que notre droit d'intervenir dans la gestion des affaires publiques doit être, non pas égal, mais proportionnel au montant de notre mise, ou, ce qui revient au même, au montant de notre quote-part dans l'avoir social.

Voilà le principe. On ne manquera pas certainement d'élever contre ce principe des objections de toute nature; en laissant même de côté celles des théoriciens politiques, les hommes pratiques diront qu'il est inapplicable, parce qu'on ne peut savoir quelle est la contribution payée par chacun à cause de la complication des impôts directs et indirects et des impôts en nature ou en services; qu'il faudrait pour le rendre applicable établir un impôt direct et unique, puis, cet impôt direct et unique établi, attribuer à chacun une voix proportionnée à la valeur de la contribution fournie, double impossibilité, double chimère! A cela je pourrais répondre à mon tour que la tendance actuelle, au moins en théorie, est de simplifier le mécanisme de l'impôt et d'arriver à l'impôt direct et unique, perçu à la manière d'une prime d'assurance; je pourrais répondre aussi qu'en Angleterre, par exemple, on a adopté pour l'administration de la taxe des pauvres, le principe de la proportionnalité du suffrage, en raison du montant de l'impôt payé *, mais il y a une réponse beaucoup plus simple et plus pratique à faire, c'est qu'il faut avant tout, poser le principe, sans avoir la prétention de l'appliquer immédiatement, dans toute sa rigueur. C'est là ce qu'on a fait pour l'impôt. On a posé en principe que l'impôt doit être proportionnel aux facultés des contribuables; mais combien on est éloigné encore dans la pratique de l'application de ce principe! C'est un simple idéal, mais il n'est pas moins bon que cet idéal existe, et qu'on soit convaincu qu'il est juste et qu'il est utile d'en ap-

* Tout contribuable de l'*Union des paroisses* qui a été imposé à la dernière taxe pour les biens situés dans l'Union, a le droit de voter pour l'élection des maîtres des pauvres. — Chaque contribuable occupant ou propriétaire de terre ou de dîmes, a une voix si le bien est d'un revenu de 20 livres; il a deux voix si le revenu est de 20 à 50 livres et ainsi de suite jusqu'au maximum de six voix pour un revenu de 200 livres et au-dessus. (*Institutions et taxes locales du royaume uni de la Grande-Bretagne et d'Irlande*, par MM. Fisco et J. Van der Straeten, page 346.)

la sécurité qui leur est indispensable, elle ne pourrait plus leur attribuer le monopole illimité dont ils étaient pourvus sous la monarchie constitution-

procher autant que possible. J'en dirai autant du principe de la proportionnalité en matière de suffrage, et j'ajouterai que si l'on ne peut pas espérer de l'appliquer d'une manière rigoureuse, mathématique, dans l'état actuel des choses, on peut du moins en approcher.

Pour ne citer qu'une simple preuve, mais une preuve concluante de l'applicabilité du suffrage proportionnel, je ferai remarquer qu'il est appliqué, quoique sur une base incomplète et fausse, dans la plupart des pays constitutionnels, notamment en Belgique. Il y a en Belgique, au-dessus de la masse dont les intérêts ne sont pas représentés, 103,000 électeurs payant un cens de fr. 42.32, mais ce serait commettre une erreur grave que de croire que ces électeurs possèdent tous un droit égal. Non! il y en a un peu plus de 102,000 qui ont droit seulement à une représentation simple, il y en a environ 1,000 qui ont droit à une représentation double. Ces 1,000 sont les grands propriétaires payant 2,116 fr. 40 c. de contributions directes, avec adjonction de la liste des plus imposés à raison d'un sur 6,000 habitants, qui ont seuls, en vertu du cens d'éligibilité, le droit de fournir des sénateurs ; il est clair que ce millier, ou pour prendre le chiffre exact, ces 833 grands propriétaires parmi lesquels se recrute le sénat, sont plus représentés que les 102,000 autres censitaires, moyens ou petits propriétaires, puisqu'ils possèdent deux chambres au lieu d'une. C'est un privilége dans le privilége.

Voilà une application détournée du principe de la proportionnalité; application qui pèche même par excès, car elle donne en réalité une représentation en raison progressive : les petits intérêts ont 0, les moyens 1, les grands 2. La proportionnalité n'est donc pas une utopie, puisqu'on va même au delà, on va jusqu'à la représentation des intérêts en raison géométrique. On pourrait proposer certainement, pour corriger ce que cette progression a d'excessif, l'établissement d'une chambre du peuple, faisant contre-poids au Sénat de la grande propriété. Cela ne serait guère plus étrange que l'état actuel des choses et ce serait plus équitable. (Conférence sur le Suffrage universel, faite à Verviers le 25 février 1866.)

nelle. Le contre-poids de ce monopole se trouverait dans la seconde chambre, tenant, comme la chambre des communes en Angleterre, les cordons de la bourse, et ayant sa juste part dans le pouvoir législatif. La sécurité des petits intérêts se trouverait par là même garantie comme celle des grands. Enfin, cette organisation constitutionnelle n'assurerait-elle point, cette fois d'une manière stable et régulière « les libertés nécessaires ? » Si le gouvernement était, par la constitution de la première chambre, irrévocablement fixé dans cette région supérieure et moyenne de la nation où se trouve concentrée la capacité politique, où, d'une autre part, on trouve aussi réunies les garanties les plus complètes de la propriété, si l'on ne pouvait plus craindre que « la souveraineté du nombre » fît tomber quelque jour le gouvernement entre les mains d'une classe politiquement et socialement dangereuse, aussitôt les libertés politiques, la liberté électorale, la liberté parlementaire, la liberté de la presse, des associations et des réunions, perdraient tout caractère de « nuisance » pour n'être plus que d'utiles instruments de contrôle et de réforme. Désormais à l'abri de leurs erreurs et de leurs excès, les intérêts dont elles ont jusqu'à présent menacé la sécurité ne seraient plus dans la nécessité de se protéger contre elles par la dictature ou l'état de siége. Il resterait sans doute toujours aux ennemis de l'ordre social la ressource de recourir aux moyens révolutionnaires; mais un gouvernement solidement fixé dans la classe qui réunit au plus haut degré la richesse et la capacité politique, préservé d'un autre côté des abus et de la corruption du monopole par l'intervention et le contrôle de la masse de la nation représentée dans la seconde chambre et pourvue des « libertés nécessaires, » ce gouvernement à la fois conservateur et libéral ne pourrait-il pas mieux qu'une dictature ou une monarchie appuyée exclusivement sur un pays légal de censitaires défier les tentatives révolutionnaires, surtout s'il évitait prudemment de placer son siége au foyer même des révolutions?

Ainsi constituée, la République ne serait ni démocratique, ni oligarchique, dans le sens absolu attaché à ces deux mots. Ce serait une république de compromis comme l'a été, à son origine, la monarchie constitutionnelle. La puissance politique avait été jusqu'à l'avénement de cette nouvelle forme de gouvernement entre les mains de l'aristocratie. Il s'agissait pour les classes moyennes d'entrer en partage de pouvoir avec elle : que fit-on? On partagea la puissance législative entre deux chambres représentant l'une les intérêts de l'ancienne couche politique, l'autre les intérêts de la nouvelle et l'on constitua ainsi la

« monarchie tempérée. » Aujourd'hui l'aristocratie et la bourgeoisie ne forment plus qu'une seule classe politique et sociale, en présence des masses populaires, qui ont fait à leur tour invasion dans l'État. On conçoit que les premières ne veulent point se laisser déposséder par ces nouvelles « couches sociales » numériquement plus fortes et auxquelles la « souveraineté du nombre » finirait inévitablement par livrer la puissance politique ; cependant il faut bien qu'elles se résignent à faire sa part à la démocratie. La lutte est engagée depuis l'avénement du suffrage universel et cette lutte se poursuivra selon toute apparence avec des alternatives violentes d'action révolutionnaire et de réaction conservatrice jusqu'à ce que la paix se fasse, comme elle se fait toujours, comme elle s'est faite entre l'aristocratie et la bourgeoisie, par un compromis. Si la République s'établit en France, elle ne sera ni démocratique, ni oligarchique. Ce sera une république de compromis, une *république tempérée.*

P. S. Quelques jours avant sa chute, le gouvernement de M. Thiers a déposé (dans les séances des 19 et 20 mai) le projet de loi sur l'organisation des pouvoirs publics et le projet de loi électorale. On peut le féliciter d'avoir adopté le système des deux chambres et repoussé l'élection du président par le suffrage universel direct ; sur ces deux points la constitution proposée est évidemment supérieure à la constitution de 1848, mais pour le reste, elle laisse singulièrement à désirer. — En enlevant, par exemple, le droit de voter à tous les électeurs qui ne peuvent justifier de deux années de domicile on crée une classe nombreuse de mécontents, sans protéger, avec une efficacité certaine, la propriété contre le nombre. Le seul préservatif assuré contre les dangers inhérents au suffrage universel réside dans la création d'une chambre haute représentant franchement la propriété et largement accessible à la capacité politique. Cette chambre, on la crée, mais... c'est le suffrage universel que l'on charge de la composer. A la vérité, c'est le suffrage universel mis au piquet et obligé à limiter ses choix dans un cercle aussi restreint que possible. C'est tout au plus si l'on comptera deux ou trois mille éligibles, pris les uns parmi les anciens députés et les membres de l'Institut, les autres parmi les hauts fonctionnaires, anciens ou nouveaux. Seulement, on ne paraît pas se douter qu'il y a parmi les anciens députés un bon nombre de radicaux et que si le radicalisme venait à se rendre maître des élections il y en aurait de plus en plus. Pourquoi donc le suffrage universel ne les ferait-il pas sénateurs après les avoir faits députés, et à quoi servirait alors la première chambre ? quel frein opposerait-elle au radicalisme s'il plaisait au suffrage universel de la remplir de radicaux ? Conçoit-on d'ailleurs une chambre particulièrement chargée de sauvegarder les intérêts de la propriété et du capital mis en péril par la souveraineté du nombre, de laquelle seraient exclus les propriétaires, les chefs d'industrie, les négociants, les financiers, — à moins qu'ils n'eussent en même temps l'avantage d'être anciens députés, fonctionnaires ou membres de l'Institut ? Conçoit-on encore une chambre qui pourrait se composer mi-partie de radicaux, mi-partie de hauts fonctionnaires, d'amiraux, d'évêques, d'archevêques ou de cardinaux? Conçoit-on enfin une chambre destinée à empêcher l'invasion du communisme et dans laquelle le département du Nord ou de la Seine ne serait pas plus représenté que les Basses-Alpes? De quelle autorité pourrait-elle jouir? Ce n'était pas évidemment à des conditions d'éligibilité, c'était à des conditions d'électorat qu'il fallait recourir pour composer une première chambre capable de représenter les intérêts conservateurs, d'opposer un rempart solide à la démagogie, et d'assurer ainsi l'existence de la République. Au surplus, est-ce bien de constituer la République qu'il s'agit en ce moment? Savons-nous si elle existera encore demain?...

FIN.

TABLE DES MATIÈRES

PARIS. — IMP. SIMON RAÇON ET COMP., RUE D'ERFURTH, 1.

PARIS. — IMP. SIMON RAÇON ET COMP., RUE D'ERFURTH, 1.

www.ingramcontent.com/pod-product-compliance
Ingram Content Group UK Ltd.
Pitfield, Milton Keynes, MK11 3LW, UK
UKHW012241240726
13966UKWH00003B/1218

9 782011 758569